じっぴコンパクト文庫

京都のなるほど雑学100選

これであなたも京都通！

清水さとし

実業之日本社

目次

第1章　京都の歴史を知る町歩き

第2章 京都の寺社はナゾだらけ

第3章 京都の「通」になる

第4章 京都の味に「理由」あり

第5章　京都のパワー&ふしぎスポット

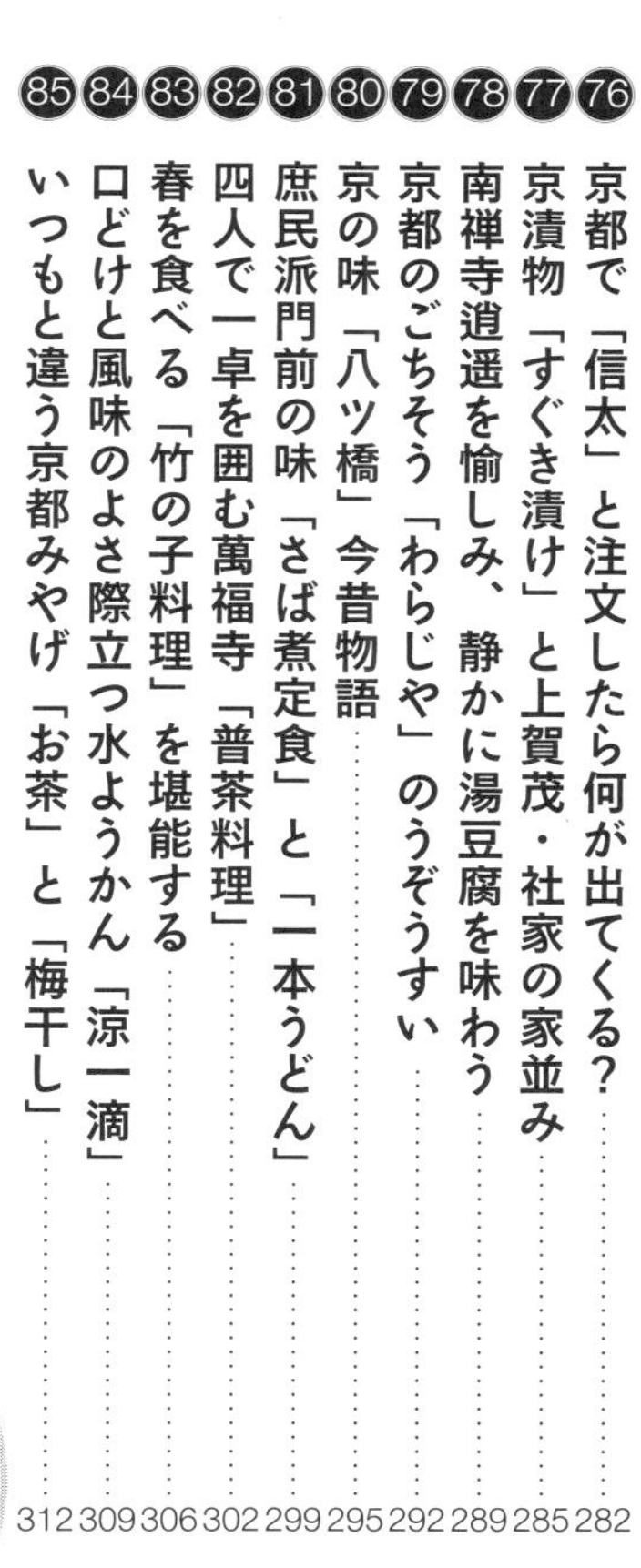

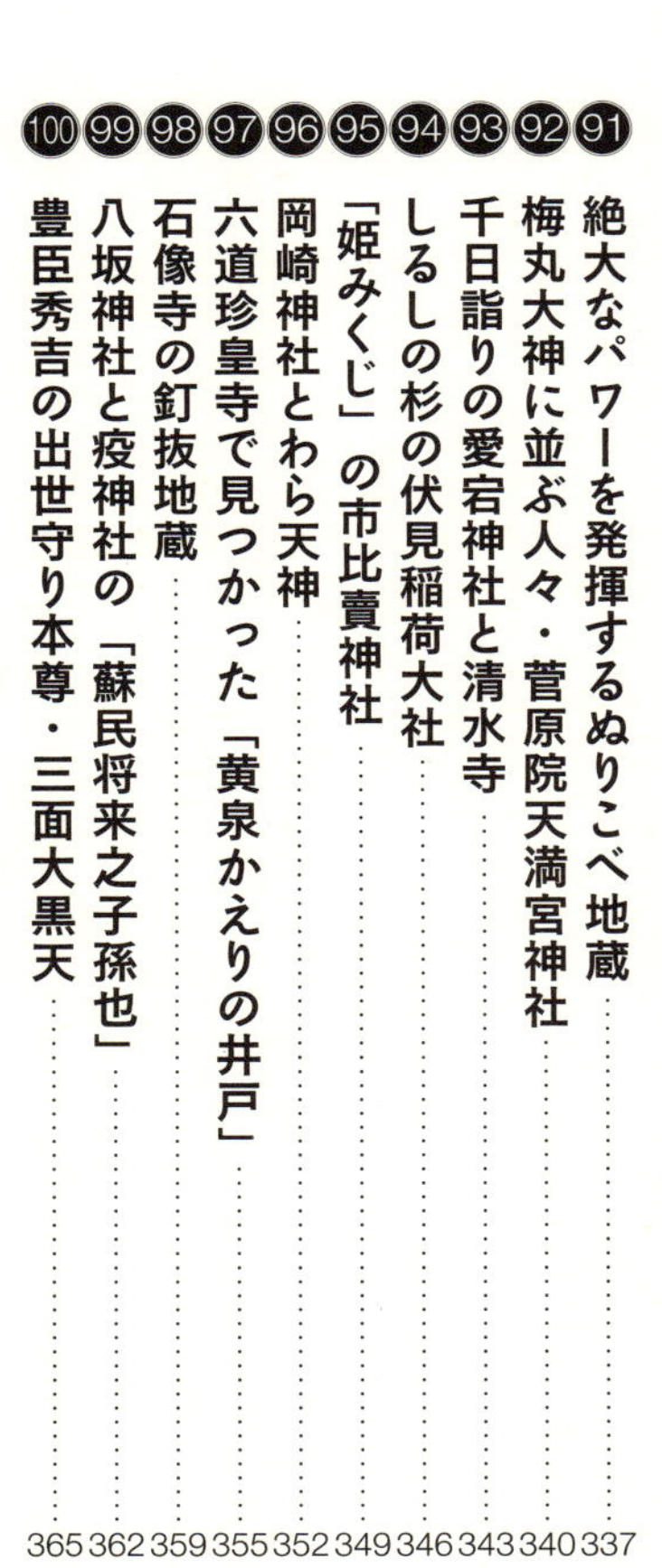

第1章 京都の歴史を知る町歩き

京都は「路上が学び舎」 地名〝天使突抜〟をレッスン

京のタテヨコ路地歩きで発見！
「天使突抜」という地名に潜む謎とは
秀吉の洛中改造計画が原因だった！

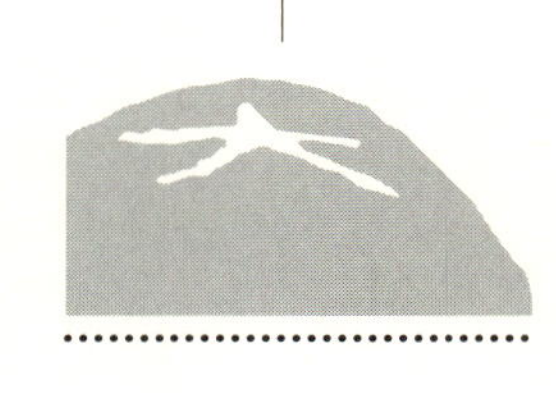

◆五条天神社の西側の通りに〝天使〟はいる！

京都の歴史を知る町歩きの第一歩を向けたいのは、その地名に引かれて若い女が訪れるという「天使突抜」（1丁目～4丁目まである）である。〝天使〟はエンジェルであり、かわいさ、やさしさに通じる、と解釈するのか、デジカメで地名表示の案内を撮影し、画像はお守り替わりにするのだという女性もいるほど。

それではこの「天使突抜」という地名は、市内のどの辺りにあるのか。市バスで向かうと、最寄りのバス停「西洞院松原」で下車。近くに五条天神社があり、その西側、歩いてすぐ南北に走る通り沿いが天使突抜エリアだ。道幅の狭い通りの名は東中筋通（別称天使突抜通）と呼ばれ、道沿いには民家、マンションなどが連なる。

ここに本当に天使はいるのだろうか……？　左右を見ながら歩き、見つけたのが写真の地名表示案内である。「東中筋通松原下る　天使突抜一丁目」とある。一見、普通の住宅街のように見えるが、一体、なぜ、〝天使（が）突き抜ける〟という曰く因縁がありそうな地名を付けたのだろうか……。

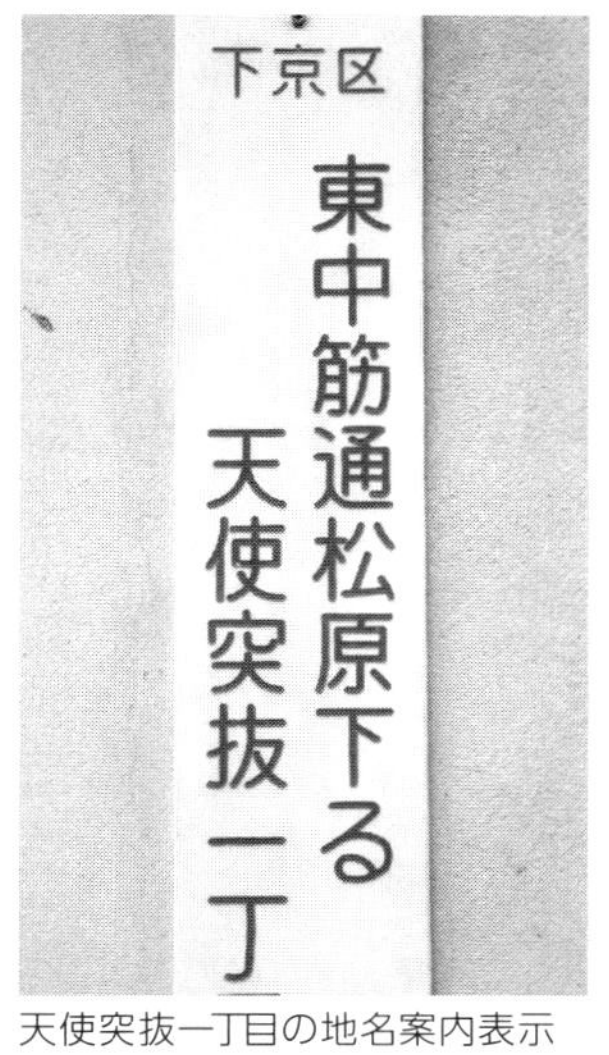

天使突抜一丁目の地名案内表示

◆謎の一つ、〝天使〟とは五条天神社の呼称にあった！

地名表示案内を見届けた後、地名の謎を解決できるかどうか、偶然にもヒントを授けてくれたおじさんに出会った。その人は

「この辺はもともと五条天神社さんの境内だったと聞いてます。天神社へ行けば、分かるん違いますか」という。

そこで、ビルに見下ろされるように鳥居と社殿が鎮座する五条天神社へ。境内はさほど広くはない。というより狭い。年配の宮司にお話を聞くと、謎の一つ一つを紐解くように説明していただき、疑問は氷解した。

まず、この天神社だが、創建は延暦13（794）年、平安京が開かれた年と同じである。主祭神は少彦名命（すくなひこなのみこと）、ほかに大己貴命（おおなむちのみこと）、天照大神（あまてらすおおみかみ）を祀る。少彦名命は大己貴命と一対で出現した神様といわれ、のちに兄弟の契りを結び、国造りに励んだといわれる。そのため、国造りに派遣された天からの使者、「天使」様と称され、この天神社は創建当時「天使社（または天使の宮）」と呼ばれていたのだ。天使突抜の天使とは、天使社に由来するのである

その後、後鳥羽天皇（第82代天皇）が改名され、「五條天神宮」となる。〝五條〟とは、境内に隣接する松原通が平安京の五条大路にあたり、そこから名づけられたものだが、さて、ここでお気づきの読者もおられるかと思う。五条の「条」と「條」、「天神社」なのか、「天神宮」なのか。どちらが正しいのかという、些

細ではあるが、どうも気になる。

◆突抜とは貫通を意味し、京都の町割の礎となった!

本題に入る前に先ほどの些細な疑問の答えである。後鳥羽天皇は「五條天神宮」と名付けたのだから……天神宮が正式名である。じつは江戸時代までは「宮」を使用していたという。明治時代になって、宮司曰く「(五條天神宮は)格式からいって旧村社の社格のくせに、神宮とはいかがなものか……」と横やりが入った。「どうも天神の宮と解釈してもらえず、「神宮」に力点が置かれまして……」とこぼす。以来、「條」の字も「条」に直し、「宮」も「社」に改めた。これが答えである。

五条天神社の社殿

さて、〝突抜〟である。今でこそ境内が狭い五条天神社ではあるが、創建当時から天正18(1590)年(後述の天正地割)までは、東西4町、南北

5町（1町は約120メートル）と広大な境内地を誇っていた。ところが、天正18年、豊臣秀吉による京都の都市改造計画が始まった。「天正の地割」である。

秀吉は小田原攻めののち、天下を制覇、権力を掌握した。京の町に聚楽第を造営し、続いて（京都市中の町割の発展を考えて）上京の賑わいを下京にも……」という都市計画に着手。プランナー秀吉は上京からつづく通りを既存の通りの間に新設したのである。その通りの一つが小川通（北は紫明通から南は錦小路通まで。寺之内上ルに表千家、裏千家の茶室がある）から南へ延伸する東中筋通なのだが、こともあろうに「天使社」（五条天神社）の境内を突き抜けてしまった。これが「天使突抜」という地名の由来である。しかし、これにより上京、下京が接続し、京の町は発展を遂げたのである

この天使突抜と同様に新設された通りに、堺町通、御幸町通などがある。これらの通りには、京都ならではの歴史が生き証人のように語り掛け、私事ながら「タテヨコ路地歩き」の珠玉の楽しみとなっている。

最後にもう一度五条天神社にお参りすることにしよう。主祭神・少彦名命は「医薬の神」であり、病退散、病気平癒にご利益がある。

京都1200年の出発点「平安京」はどんな都だった？

平安京は三方に山河があり、南は開けた「山紫水明」の地だった。中国から来た思想「四神相応」にも合致する理想の土地で、長大な1200年という時間を積み重ねてきたのである。

◆"794年鳴くよウグイス平安京"は自然が砦の都だった！

平城京から長岡京へ遷都され、わずか10年後、延暦13（794）年10月、新たな都に遷った。これが平安京の始まりになり、400年近く平安時代がつづき、京都は1200年余りの歴史を刻んでいる。

当時、京都は「山背国」と呼ばれていた。平城京の時代、大和の後背地に位置する国という意味だが、延暦13年11月、桓武天皇が詔「この国、山河襟帯して、自然に城を作す」と発せられ、国名は山背から山城国と改められた。

平安京には、東西約4・7キロ、南北約5・2キロの都市空間が広がり、朱雀(すざく)大路(おおじ)（現千本通）を中心に、南北に33、東西に39本の通りが貫き、条坊制と呼ばれる碁盤の目状の町割りが行われた（20、21ページ条坊図、町割りの図を参照）。朱雀大路の南の入口には二層の羅城門(らじょうもん)がそびえ、道幅84メートルの大路を北へ歩くと、枝垂(しだれ)柳の並木が美しく、朱の鮮やかな大極殿(だいごくでん)にたどり着く。内裏(だいり)もここにあった。この朱雀大路を中心に南面して、東側が「左京」、西側が「右京」と呼ばれた。

◆蒼龍、白虎、玄武、朱雀の四神が強力に守っていた地

自然に恵まれていた平安京は、その繁栄を中国の「四神相応(しじんそうおう)」という考え方を拠り所としていた。それは、東には鴨川＝流水があり、蒼龍が守る。西には山陰道＝大道があり、白虎が守る。南北は、北に丘陵＝船岡山があり、玄武が守り、南には窪地＝現在は埋め立てられてしまった巨椋(おぐら)池があり、朱雀が守る。これら四神が地相と相まって、平安京を守っているという。平安神宮へ行けば、大極殿の東西に蒼龍楼、白虎楼が美しく、平安京の昔を偲ばせる。

東西南北の四神は季節にもたとえられ、東の蒼（青）龍は春＝青春、西の白虎は秋＝白秋、南の朱雀は夏＝朱夏、北の玄武は冬＝玄冬とされている。

四神に守られ、四季折々、自然の魅力にあふれ、そこに住む人々に幸福をもたらす地であったことが、京都が稀（まれ）にみる繁栄の地、観光地となった要因の一つだろう。

平安京は第五十代桓武天皇が都を開いて以来、大きな事件もあったが、平安京での三人目の天皇となられた第五十二代嵯峨天皇の御代になって、ようやく政治も落ち着き、平安京は「定都」となったのである。

平安京の町並みを地割りする「条坊図」

平安京には東西南北に整然と大路・小路が造られ、中心となる大路の道幅は広く、宏壮とした応天門、大極殿、周囲の美しい山河があまねく見渡せる都だった。

◆東西に走る一条～九条の「条」と、南北に走る「坊」が基本の町造り

平安京のスケールと東西南北の通りの数は16ページで少し触れたが、ここでは実際に条坊図を見て、より細かく理解を深めてもらおう。また、左京、右京の両方の町は、「四行八門(しこうはちもん)」という地割りに基づいて構成されており、これも図解と合わせ、パズルを解くように読み進めていけば、難しいことはない。

それでは条坊図を見ながら基礎知識を覚えていくことにしよう。まず条坊の「条」とは、東西に走る一条大路から九条大路により分けられた区画をいう。次に「坊」とは、南北に走る大路による区画をさし、その中心に朱雀大路（現千本通）を設けている。この通りの左右がそれぞれ一坊から四坊まで大きく分割されている。

さらに、東西には大路・小路が39本、南北には大路・小路が33本貫き、これにより平安京特有の碁盤目状の町並みが整えられ、現在の市街の礎となっている。当時の大路の道幅は、朱雀大路は28丈（1丈は約3メートル）だから約84メートル（85メートルとする史料もある）あり、二条大路は約51メートル、他に約20〜36メートルの大路があった。

◆うなぎの寝床の町家は平安京で造られた⁉

今度は条坊図と【図1】を参考に区画を見ることにしよう。一条は4坊に分けられ、1坊は四保（ほ）という単位に細分化され、さらに1保は4町で構成していた。ということは、一坊には16町あり、左京、右京ではそれぞれ【図1】のような数え方になる。1坊に16町、そうすると、一条には64町あることになる。1町は約120メートル四方だから、おおよそのスケールが読み取れるだろう。

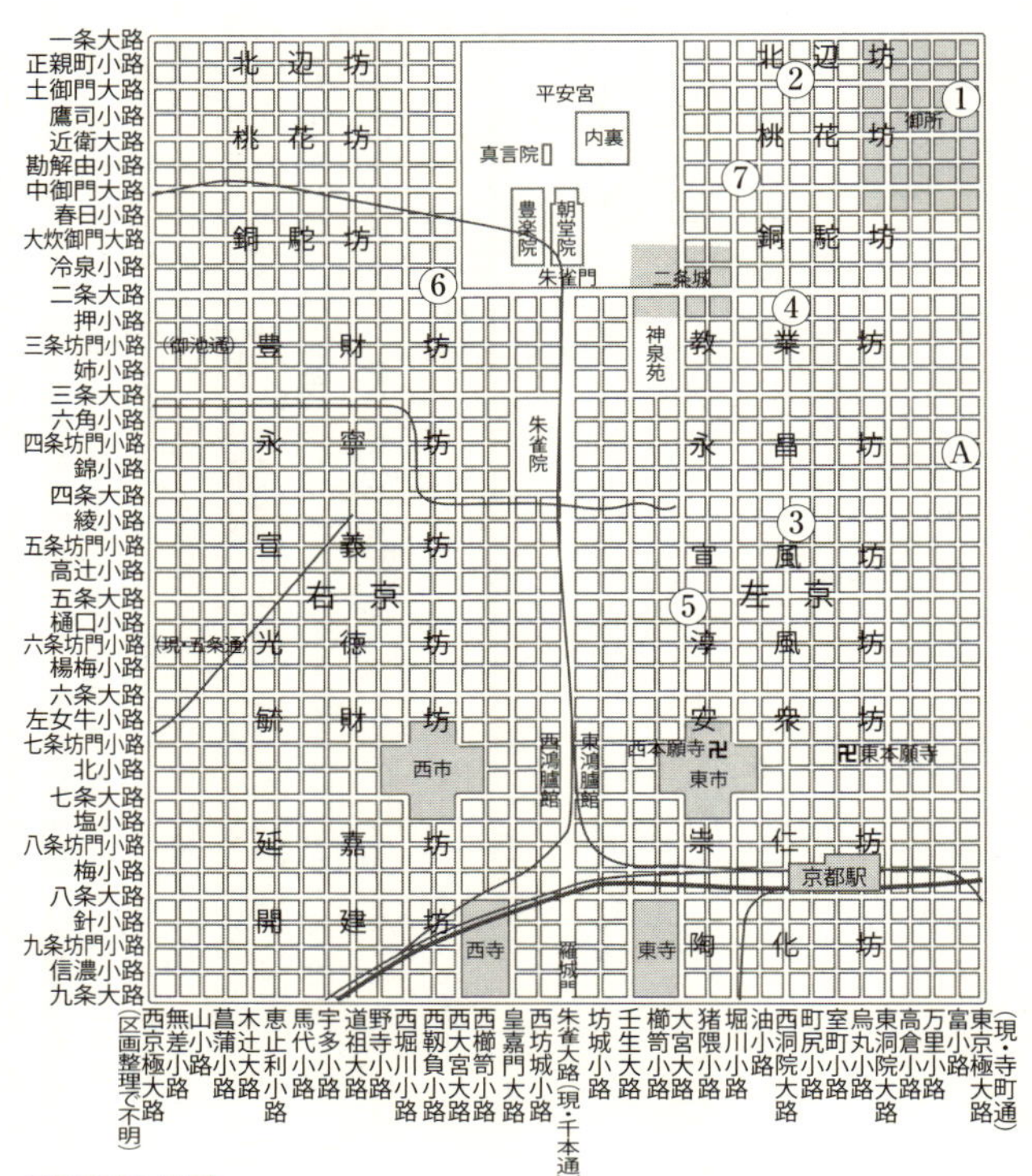

平安京条坊図

[条坊図の番号説明]

①藤原道長（土御門殿（つちみかどでん））、②陰陽師（おんみょうじ）安倍晴明（あべのせいめい）邸、③菅原道真（すがわらのみちざね）邸（紅梅殿（こうばいでん））、④東三条院（道長の姉・藤原詮子（ふじわらのせんし））
⑤藤原彰子（ふじわらのしょうし）六条第（ろくじょうだい）（道長の長女・一条天皇の中宮）、⑥小野篁（おののたかむら）邸（六道珍皇寺（ろくどうちんのうじ）の井戸から閻魔庁に出向いていた魔界男）、⑦藤原時平（ふじわらのときひら）邸（菅原道真を左遷（させん）させ、道真の怨霊（おんりょう）に苦しめられた公卿（くぎょう））

[図 1]

右	京				左	京		
8	5	4	1	北辺	1	4	5	8
7	6	3	2		2	3	6	7

平安京北端の北辺坊のみ、1坊が8町の変則になっている。

右	京				左	京		
16	9	8	1	一条〜九条	1	8	9	16
15	10	7	2		2	7	10	15
14	11	6	3		3	6	11	14
13	12	5	4		4	5	12	13

各坊ごとの1町〜16町の並び。各坊は朱雀大路に近い順に1、2、3、4坊となる。

[図 2]

右京					左京			
				北一門				
				北二門				
				北三門				
				北四門				
				北五門				
				北六門				
				北七門				
				北八門				
東四行	東三行	東二行	東一行		西一行	西二行	西三行	西四行

次に【図2】に注目しよう。この図が1町の土地をさらに細かく区割りする「四行八門」を示している。1町は東西に4行、南北に北一門から北八門まで32分割されていた。これが平安京における土地の最小単位「戸主」になる。ちなみに、1戸主は東西10丈（約30メートル）、南北5丈（約15メートル）の横に細長い土地になり、これが京都の「うなぎの寝床」と例えられる町家の素地になったといわれる。

◆平安京の重厚な住所表示でたどる「都の歩き方」

少し数字ばかりでややこしくなった方もいるかもしれないが、ここで頭をほぐして、仮に平安京を歩いたら迷わずにたどり着けるか、試してみよう。お出かけ先は次の住所。

「左京四条四坊十四町西一行北五六門」（条坊図のⒶ地点）

およその指定場所は、現代でいえば寺町通と錦小路が交差するあたり、京の台所「錦市場」でのショッピングが楽しい場所である。

平安京は貴族たちの華やかで恋多き、また陰謀渦巻く町だったが、「京戸」と呼ばれる一般民衆も住んでおり、当時の推定人口は10~15万人前後といわれる。京都に旅するとき、地下では今も平安人たちの息づかいや牛車の音を聞くことがあるかもしれない。

京都へ行くことを「上洛します」というのはなぜ？

京都があった山城国にも平安京にも関係ない「洛」という字。京都に行くこととこの字はなぜ結びついたのだろう。

◆唐の長安城、洛陽城を範とした「都城制」の町造り

京都の友人から電話があり、「ご上洛（じょうらく）はいつですか？」と聞かれることがある。今でも「上洛」という言葉はよく使われ、「京都にいつお出でになりますか？」という意味である。それでは、京都へ行くことをなぜ「上洛」と表現するのだろう。

延暦13（794）年以来、平安京は着々と都造りが進行していた。その内容は、中国の都城制を参考にして、南北に貫く幅約84メートルの朱雀大路（すざくおおじ）を中心に、内裏から見て、東側が左京、西側が右京に分かれていた。この町造りにさいし、延暦23（804）年に遣唐判官として入唐の経験を持つ菅原清公（770～842。菅原道真の祖父）の具申により、名称改善が提唱され、左京に洛陽城、右京に長安城という唐名が付けられた。

弘仁7（816）年には、坊名についても唐風にするべしと発令された。そこで桃花坊、銅駝坊、永晶坊、陶化坊といった呼称が付けられた。これらも長安、洛陽にあった坊名である。

◆左京の「洛陽城」の発展に伴い平安京の呼称は「洛陽」に

平安京は前途奇瑞に満ちた船出であった。しかし、次第にある現象が顕著になってきた。それは、右京（長安城）の衰退である。一説に、右京は湿地帯が多く、住居地には適していなかったからという。それに比べて、左京（洛陽城）、とくに左京の北側は益々の発展を遂げ、有力貴族たちの邸館も左京の二条以北に並び建っていた。このことは、土地価格の高騰をまねき、貧乏な貴族たちは土地を購入することもままならぬ状態だった。

こうして、長安城と名付けられた右京よりも、洛陽城と呼ばれた左京の方が発展、栄えていくことで、平安京の別称として「洛陽」という名称が使われるようになったという。「洛都（らくと）」とか、「京洛（きょうらく）」などと使うこともある。その結果、江戸時代、将軍が京都へのぼることも「上洛（じょうらく）」といわれ、現在も言葉として残っている。ほかに「入洛（じゅらく）」という言い方もある。

なお、京都では大きな地域区分に、洛東、洛西、洛北、洛南などの呼び方もあり、学校名にも見られる。たとえば、洛北高校など。さらに、16世紀頃に制作された『洛中洛外図屏風』にも見られるように、洛中、洛外を歩くと言ったり、京都に滞在することを「滞洛」という言い方まである。

応仁の大乱の戦火を免れた京都の建築物

政治の中心であっただけに、何度も戦場となった京都。なかでも応仁の大乱は京都中に戦火が拡大した戦乱だった。しかし、幸運にも歴史的に貴重な建物が難を逃れ現存している。

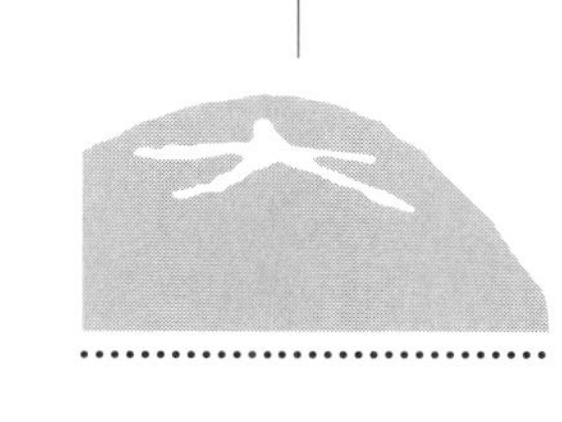

◆500年以上前の戦争が京都に残したもの

一度だけ体験したことだが、京都のある旦那さんが「前(さき)の戦争では、京都は大変な目に遭ったんどす」としゃべったのを聞いたことがある。京都も随分焼けたのですか？　と尋ねると、「どれもこれもありしまへん。お寺さんも全滅ですわ」と話の途中から、〝前の戦争〟が、応仁の大乱を指していることが理解できた。

上京区にある上御霊(かみごりょう)神社の社前に「応仁の乱勃発地」の碑が立っている。文正2（1467）年1月18日、神社の森から乱は始まり、3月5日応仁と改元。

ついには京都中が炎上する大乱となった。貴重な建築物が次々に灰燼に帰した。その中で、千本釈迦堂（大報恩寺・169ページ参照）の本堂（国宝）は難を免れた。

それ以外にも、戦乱以前に建築され、戦後に残った建物は三十余あるといわれる。主な建物は三十三間堂本堂、六波羅蜜寺本堂、八坂の塔（法観寺）、建仁寺勅使門、東福寺六波羅門（境内南側）および東司（禅僧のトイレ）、広隆寺講堂、東寺大師堂、醍醐寺五重塔などである。いずれも国宝または重要文化財に指定されている。

◆大乱の勃発地で今も作りつづける唐板煎餅

天にそびえるような伽藍が直線上に並ぶ東福寺は、大乱に際して陣が置かれたが、前述の東司をはじめ、仏殿、法堂なども戦火を免れた。しかし、残念ながら明治14（1881）年12月の火災で仏殿・大仏が焼失した（119ページ参照）。東福寺のように、大乱の戦火、放火、破壊などは免れたものの、後の火災で焼失した建物の一つに、鹿苑寺の金閣がある。金閣は、三島由紀夫の小説でも知られるが、昭和25（１９５０）年の放火によって全焼したことは、ご存じの方も多いだろう。

唐伝来の素朴なお菓子水田玉雲堂の「唐板煎餅」

ふたたび、上御霊神社の門前に戻ると、一軒の老舗が静かに営業している。京都検定の問題にも出題された「水田玉雲堂」である。創業が文明９（１４７７）年、ちょうど応仁の大乱がおさまった頃で、今も遣唐使が伝えたという唐板煎餅を作っている。この唐板は、神泉苑での御霊会に供えられたのが始まりで、疫病除けに授与されていたという。風味はいたって素朴。しかし、それにしても、この一品のみを５００年以上も作りつづけてきたことに、敬意を表したい。

店と店に挟まれて歩く「先斗町」ミニ散歩

「先斗町」は簡単に読めないが、読めるとちょっとうれしく、石畳の道を歩くと段々楽しくなる。かつては敷居の高い店が多かったが、現在では気軽に一人でも入れる店が増えている。

◆春の華やかな踊りと鴨川の川風が誘う納涼床

5月の鴨川をどりでも知られる先斗町は、ぽんとちょう、と読む。敷居が高い花街の面影は残るものの、最近は一見さんも堂々と入店できる〝敷居の高くない〟店が増えた。夏の納涼床の店もあり、若者からシニアまで人気がある。

先斗町はどこにあるか。河原町と祇園を結ぶ四条大橋の西詰、交番横の入口から北へ、三条通の一筋南までが先斗町だ。二人歩きにちょうどいい道幅の石畳の道が灯りに照らされる夕刻から夜が風情がある。一筋西側の木屋町通と連絡する路地が何本かあり、入口には番号が付けられ、中には「通りぬけできまへん」と注意書きされた路地もある。

鴨川の夏の風物詩「納涼床」。夜は川風が爽やかで、京らしい夕食時間を冷たい飲み物で過ごそう

先斗町のいわれは、いろいろの説があるが、確かな資料は見当たらない。この辺りの地形がいわゆる洲崎（洲が川に長く差し出たところ）であることから、近くにあった南蛮寺の外国人たちがポルトガル語で先端を指す〝ポント〟と言っていたともいう。

先斗町の楽しみは、5月の鴨川をどりであり、また毎年5月1日～9月30日まで（ただし、5月は昼間のみ）の納涼床である。夏の夕刻、納涼床から鴨川を眺めていると、同調効果現象との分析もある河畔のカップルたちが、均等間隔で座る名物夜景も見られる。

◆先斗町でのグルメプラン、手打ちそば、おばんざい、鉄ぴん揚げ

先斗町ぶらぶら歩きで「あら、この店よさそう」と、入ってみたくなる店があるはずだ。京らしくお酒とおばんざいを楽しむなら四条上ルにある「ますだ」、隣の「たばこや」へ。

先斗町の灯りの点った石畳

ますだはカウンターに並ぶニシンと茄子の煮物、鴨ロースなど、食欲を誘う。この店は、作家司馬遼太郎さんもよく利用し、店内に書が掛けてある。両店とも予算の目安は4000円～7000円くらい。近くの、お食事処「山とみ」は元気な女将がいて、串揚げがおいしいが、鉄ぴん揚げ（自分で食べながら揚げる串物）が名物。京の食材やキス、エビ、イカ、野菜など16種が味わえる。他におでんなどもあり、お酒

もすすむ。

三条下ル、先斗町歌舞練場の北にある「有喜屋先斗町本店」は、そば料理と手打ちそばの店。二八ざるそば、にしんそばなどがおすすめ。そばと天丼などをセットにしたメニューもある。もう一軒、スイーツでは、舞妓さんのおちょぼ口でも食べられると評判の、ひと口わらび餅の「先斗町駿河屋」も入ってみたい店。夏は水ようかん「竹露」、秋は「里志ぐれ」（羊羹に栗が載っている）で知られる。

鴨川をどりが開催される「先斗町歌舞練場」もお忘れなく。有喜屋から近く、建物は昭和2（1927）年に完成。地上4階、地下1階、屋根に先斗町の繁栄を守るという中国・蘭陵王の舞楽面をかたどった鬼瓦が路地を見つめている。

先斗町・山とみ。旅人にも敷居は高くはない

新京極通のにぎわいと名物酒場探訪

新京極は「松竹」発祥の地であり、遊戯、娯楽の場として発展した歴史がある。昔懐かしい映画館が消えた頃、一抹の寂しさを覚えたが、現在も京都を代表するアーケード街として活気がある。

◆昭和の青春スターが看板を飾った映画館は…

新京極（新京極通）は京都随一の繁華街で、寺町通と並行するように三条通（ダラダラ坂から入る）と四条通を結ぶアーケード街である。北から六角通、蛸薬師通などが東西に交差し、通り沿いに落語の寺として知られる誓願寺（せいがんじ）（329ページ参照）、和泉式部の供養塔がひときわ目立つ誠心院（せいしんいん）、錦天満宮など、古刹、古社も点在する。

少し歴史を振り返ると、新京極は明治5（1872）年に開通し、平成24（2

012）年に開通以来140周年を迎えている。東京遷都による京都の沈滞ムードからの復興を目指して開発された通りである。またここは「松竹」発祥の地でもある。白井松次郎、大谷竹次郎兄弟がこの地から「松竹」を興したのである。松竹の興行ビジネスは次第に人気を集め、娯楽場として盛んになるにつれて、引きづられるように飲食店も増えた。その結果、通りは一段と活気づきにぎわいを見せたという。

昭和40年代頃までは映画館の封切りのたびに、スターを描いた大きな看板が登場し、若い人たちの溜まり場でもあった。現在ではかつての映画館もなく当時の雰囲気を感じにくいが、京土産の店、ゲーム店などが目につき、修学旅行の生徒たちが昔と変わらずにぎやかに往来している。

◆一人でも入れる若者たちの酒場とおじさんたちの酒場

新京極通の東側、裏寺町通は居酒屋がのれんを並べている。そんな一角、四条上ル（住所は新京極）に縄のれんを下げているのが、居酒屋「静（しずか）」。一人でも気軽に入れ、店内は木のテーブルに不揃いのイスが付き添うようにしてある。壁、天井、テーブルは落書きだらけ。2階部屋は落書きでめまいがしそうなほど。昭和39（1964）年、同志社大学の学生の一筆から始まったという。それにしても店中を落書きが〝占拠〟している感じだ。

　この店のおすすめは、手作りのだし巻き玉子と、鶏天ぷら。そのほかキンピラごぼうや肉じゃがといった家庭の味が楽しみ。値段も安く、若者の姿が目立つが、青春の夢の跡、社会人になって戻ってくる年配の人も多い。学生たちはいつもに

（上）「静」の味・だし巻玉子（左）と鶏天ぷら。（右）壁中に落書きされた静の店内。落書きは青春時代の思い出

ぎやかだが、サラリーマンは静かに酒を酌み交わしている。
一方、おじさんたちの酒場は、四条上ル、新京極通に入って右側にある「京極スタンド」。京都では有名店の一軒である。昭和2年創業、大理石のテーブルと、醤油ラーメンは、創業当時からのもの。昼を過ぎると、大理石の長いテーブルを前に、おじさんが酒を飲んでいる。

酒は飲んでいるが、雰囲気は悪くない。店内では、何人かのおばさんたちが忙しく立ちまわっている。こういう店は一人のほうが入りやすい。とまり木に腰を下ろし、まずはビール。一杯口を潤したら、カットされて出てくる牛ステーキを。一品料理は数多く、日替わり定食、カツカレーなどメニューも豊富にあり、食事だけの利用もできる。値段はすべてリーズナブル。

新京極の「京極スタンド」。京都に泊まった夜は、ここで一杯。ビールも酒も旨いし、酒肴はいろいろある

伏見城「もう一つの関ヶ原」と凄惨な血天井

徳川家康よりも3歳年上の鳥居元忠。「殿、お任せを……」と伏見城にわずかの兵と立て籠もり、獅子奮迅の活躍。ついに果てるも、徳川幕府の礎となった股肱の臣である。

◆徳川家康の忠臣、鳥居元忠、気骨ある散り際だった！

徳川家康の天下取りの大戦（おおいくさ）となった、慶長5（1600）年9月15日の「関ヶ原の戦い」―の前に、東西の将兵が激突した戦いがあった。伏見城の攻防である。もう一つの関ヶ原、ともいえる苛烈な攻城戦（こうじょうせん）だった。

慶長5年7月18日、伏見城に立て籠っていたのは、家康の三河譜代、鳥居元忠（とりいもとただ）（1539～1600）。城代元忠軍は、総勢わずか1800名。一方、石田三成（1560～1600）の命を受けた西軍は、総大将宇喜多秀家、副将小早川秀秋ら約4万。兵力から見て、勝敗は火を見るより明らか、西軍は元忠を舐めていたフシがある。ところが、10日経っても城は陥ちない。西軍は元忠らの奮戦に焦りの色を濃くした。が、8月1日、元忠はいよいよ支えきれなくなり、ついに自刃して命果てた。享年62。

薄氷を踏むような戦いだったが、西軍は勝利した。しかし、実質の判定は「負け」である。伏見城は陥落したが、2週間の籠城戦は本戦「関ヶ原」へと向かう家康の作戦計画に十二分に応えたものだった。家康は元忠に頭を垂れ、天下取りへの自信を得たにちがいない。

◆400年を経ても壮絶さを語り継ぐ血天井の生々しさ

慶長5年の伏見城の攻防は、いかに凄惨極まるものだったか。その血戦の状況を伝える血染めの床板が「血天井」として残っており、京都の六カ寺で見られる。宇治の興聖寺、大原の宝泉院、西加茂の正伝寺、鷹峯の源光庵、三十三間堂近くの養源院、そして五条堀川にある瑞雲院（詳細は201ページ参照）である。

幕府成立の礎となった功臣の血に染った板を踏むのはおそれ多いと、天井板にして供養したともいわれている。

興聖寺は曹洞宗の古刹で、宇治川のほとりにある。石門から山門への参道は琴坂といわれ、緩やかな坂道沿いは紅葉が見事だ。法堂は伏見城の遺構で、廊下の天井に血天井が使われている。宝泉院は額縁庭園で知られ、書院の廊下の血天井は、赤黒く手足の跡、烏帽子の跡がわかるほどである。正伝寺は、比叡山を借景とする枯山水庭園と静かに向き合うことができ、本堂の廊下に血天井が見られる。鳥のさえずりが耳をなごます。

源光庵は丸窓「悟りの窓」、角窓「迷いの窓」があり、本堂の廊下に血天井がある。養源院は、淀殿が父浅井長政の追善供養のために建立したもの。本堂の血天井は、延長88メートルあり、人の足跡が生々しく残っている。薄暗さを覚える本堂では、拝観者の一人一人が、声もなく見上げている。最後の瑞雲院には、奇しくも伏見城に攻め入った一人、小早川秀秋の墓があり、予約すれば拝観できる。

◆伏見城の悲運と徳川将軍の宣下

伏見城は文禄元（1592）年、豊臣秀吉が隠居城としてわずか5ケ月で築城している。短期間の築城には、延べ25万人が働いたという。しかし、この4年後、慶長元（1596）年には「慶長大地震」で倒壊している。その後、二代目の伏見城が木幡山（現明治天皇陵域内）に築城されるが、その建築途上、慶長3（1598）年8月に秀吉の命運が尽きた。享年62。そして、鳥居元忠と西軍の攻防により炎上したのである。

関ヶ原の戦いの翌年、慶長6（1601）年に徳川家康は再建を決意し、三代目となる伏見城が完成した。この時の伏見城は徳川家の西の拠点の役目を担い、慶長8（1603）年以来、家康、秀忠、家光と三代にわたる将軍宣下（せんげ）が行われたものの、大坂夏の陣で豊臣氏が滅亡すると急速に役目を終えて廃城となった。

現在見る伏見桃山城は、昭和39年（1964）年に遊園地「伏見桃山城キャッスルランド」のシンボルとして造られたもの。遊園地は閉園になったが、鉄筋コンクリート造の大天守と小天守が残されている。

ここは京都の中心、六角形のへそ石

【六角堂】

いつもながらお参りすると、線香の匂いが染み入る六角堂。ここは生け花の発祥地であり、伝説の「へそ石」がある。石の真ん中は窪んでおり、実に立派なへそである。

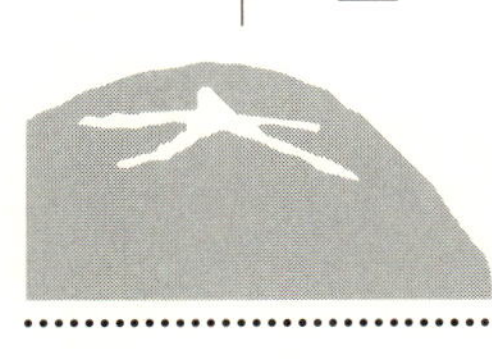

◆六角形をした本堂、六角形をしたへそ石

京都では〝六角さん〟と親しまれている六角堂は、紫雲山頂法寺（しうんざんちょうほうじ）といい、西国三十三ヶ所霊場第十八番札所である。境内では、白装束の巡礼の人たちも見かける。八坂の塔（法観寺）、寂光院（じゃっこういん）（大原の里にある）と同じく、聖徳太子の開基。平安京遷都以前から創建されていた古刹である。

千社札がペタペタと貼られた本堂は六角形の建物で、線香の薄紫の煙が、朝早くから立ち込めている。建物の手前右側に、これも六角形をした「へそ石」がある。このへそ石、よく見ると真ん中が少し窪んでいる。これぞ、へそである。不思議な伝説がある。平安京造営のさい、東西の通りが六角堂にあたり、南北のどちらかに建物を移動しなくてはならない。すると一晩の間に、六角堂はひとりでに北へ5丈（約15メートル）移動したという。そのとき、残された柱石がへそ石だという。昔は伝説の通り、門前の六角通にあったようだ。へそ石があることから、六角堂が「京都の中心」という人もいる。

◆六角形をしたへそ石餅とおうすで一服どうどす

お参りして、へそ石を見た後は、休憩所と売店を兼ねた茶処で一服。グループでお参りのおばさんたちが、「これ、へそ石餅っていうそうよ」とおしゃべりしていた。へそ石餅は、これも六角形をしている。求肥にたっぷりのきなこがまぶしてあり、きなこが香ばしい。おうす（抹茶）とセットでも楽しめる。市内の和菓子店では売っておらず、ここでしか味わえない。抹茶も頂き、少し境内をぶらぶら。本堂の北側には聖徳太子を祀った太子堂があり、太子が沐浴をされたと伝わる池跡が残されている。

池端には、かつて塔頭の「池坊（いけのぼう）」があった。歴史をさかのぼると、遣隋使・小野妹子（おののいもこ）が池坊に住んで仏前に供花したといい、その後、華道発展の礎を築いた傑物、室町時代前期の仏僧、池坊専慶（せんけい）が出ている。

六角堂にある伝説のへそ石。へそ石があるために、ここが京都の中心とさえいわれる

山門を出ると、前を走る六角通を隔てた飛び地境内に鐘楼（堂）がある。町衆組織が発達していた京都では、二条通以北の「上京」には「革堂（こうどう）」（行願寺）に、同以南の「下京」には「六角堂」に鐘楼が設置され、火災や鴨川の氾濫が起きると、危険を知らせる鐘が打ち鳴らされた。六角堂の梵鐘は、慶長10（１６０５）年、豊臣秀吉の家臣堀尾吉晴の嫡男忠氏が寄進したが、現在の鐘は二代目である。

五山送り火「大文字」を豪華に見物

五山送り火は、京都の大切なお盆の行事。冥途からお迎えしたお精霊さんをまたあの世へ送り返す。「また来年な…」京都は静かに鎮魂に包まれる。

◆京の伝統行事「大文字」はいったい誰が始めたのか？

京都8月16日の夜。この日、お精霊（しょうらい）送りの五山送り火が行われる。京都の町は灯りを落とし、午後8時を迎えると、まず東山如意ヶ岳の「大文字」に火が入り、燃え上がる様子が遠目にも分かる。つづいて、8時10分、北側の「妙」「法」の字が闇に浮かび上がる。8時15分、西方向の「船形」、「左大文字」、8時20分、「鳥居形」が点火され、ビルの屋上で眺めていると、どこからともなく歓声が聞こえる。「あっついなー」と団扇をばたばた、浴衣姿の若い女性の姿が、送り火の夜はとくに目に付く。

送り火はわずか30分、お精霊さんを無事にあの世へ送り返す道標だが、如意ヶ岳の大文字は平安時代初期、起源を弘法大師空海の発案とする説がある。他に、室町時代中期、八代将軍足利義政（1436〜1490）が始めた、また、安土桃山時代の公家で、寛永の三筆の一人として知られる近衛信尹（このえのぶただ）（1565〜1614）が始めたとする三つの説がある。

ところが、銀閣寺では、如意ヶ岳が銀閣寺領だったことから、銀閣寺を創立した足利義政説が注目されている。さらに、大文字が銀閣寺と同寺派の相国寺（烏丸今出川の同志社大学近く）の方向を向いているといわれ、義政の信憑性を高めている。

◆元宮家別邸から食事つきで眺める大文字

五山送り火の見物場所は、従来から賀茂川の堤防、北山通などが挙げられるが、ちょっと豪華な見物場所を紹介しよう。それは、白川通と今出川通が交差する銀閣寺道から南へ徒歩10分、「吉田山荘」である。昭和7（1932）年、東伏見宮別邸として建てられた和洋混淆の気品がただよう建物である。

門を入ると、それだけでゴージャスな気分になる。カフエ真古館（しんこかん）は誰もが利用でき、冷やし抹茶、ブレンドコーヒーセットなどがおすすめ。セットではチョコレートケーキなどが付いている。この吉田山荘では、五山送り火の「大文字」が山荘のテラスから間近に見られる。予約が必要だが、鑑賞料5000円（税別・飲み物つき）で、いつもと違う雰囲気で大文字を見られる。ちなみに、懐石料理を味わい、鑑賞することもできる。こちらは税込3万3000円（税別）。夕刻5時30分から食事をとり、8時前に建物2階のテラスに案内され、そこから大文字を見物する。予約はなるべく早く。すぐに満員になる。吉田山荘☎075・771・6125。

11

冥界を行き来した人物と並ぶ紫式部の墓

京都が生んだ偉大な女流作家・紫式部は、『源氏物語』という珠玉の作品を残してこの世を去った。その紫式部の墓、なぜか冥界男と並んでいる。

◆閻魔大王と会った男と紫式部の不思議な縁

千本ゑんま堂（引接寺（いんじょうじ））で行われる「風祭り」をご存じだろうか。千本ゑんま堂の開基、平安時代前期の公卿・小野篁（おののたかむら）（802〜853）が、風となって冥界へ行き、閻魔大王と会い、ふたたびこの世に戻ってきたことに由来する祭りだ。7月1日〜16日まで開かれる。境内に涼やかに風鈴が揺れ、ライトアップされた真っ赤な閻魔様にお参りする。

千本ゑんま堂には紫式部の供養塔がある。紫式部の墓、供養塔は全国に三つ確認されており、そのうち京都に二つある。一つはゑんま堂の供養塔、もう一つは、堀川通北大路下ル西側、島津製作所紫野工場に隣接して小野篁の墓と隣合わせで眠る。両方に共通するのは、小野篁という人物と一対ということだ。何か理由(わけ)があるのだろうか？

◆紫野に誕生した？　紫式部の故郷に近い墓所

小野篁と紫式部の墓が並んでいることは、貞治(じょうじ)年間（1362～1368）に発表された、四辻(よつつじ)（源）善成(よしなり)の『源氏物語』の注釈書『河海抄(かかいしょう)』に、二人の墓の存在が記されている。それによると、「白毫院(びゃくごういん)（すでに廃寺）の南にあり」と書かれており、篁の墓の西側に紫式部の墓と、出ている。

平安の昔、宏壮とした境内地を有していた雲林院(うりんいん)（現在は大徳寺の南側に位置し、境内は狭い）一帯は、桜と紅葉の名所だったといわれ、第五十三代淳和(じゅんな)天皇の離宮「雲林院」が営まれたところである。雲林院は「紫野院」とも呼ばれたが、後に寺となっており、紫式部『源氏物語』の「賢木(さかき)」にも登場する。光源氏が母桐壷の菩提を弔うために、桐壷の兄が律師となっている雲林院に参籠するく

『源氏物語』作者紫式部の墓

だりである。また、『大鏡』でも雲林院で菩提講（念仏を唱えながら菩提を弔う法会）が開かれる様子が描写されている。

源氏物語に記されたことから推察すると、紫式部が雲林院をよく知っていたと思われる。当時、雲林院の境内は広く、現在の大徳寺一帯も含んでいたといわれる。紫式部の産湯の井戸と伝わる古井戸が、大徳寺塔頭の一つ真珠庵にある。今も涸れずに水が湧き出ている。これも推測の域を出ないが、紫式部は雲林院周辺で誕生したのではなかろうか。そしてその亡骸は、ふるさとである紫野の墓地に埋葬されたので

紫式部の墓の隣に眠る小野篁の墓

あろう。

現在、紫式部の墓と並ぶ小野篁の墓のことだが、篁の方が早くに埋葬されたのはいうまでもない。そして、お隣の空いていた墓地に紫式部が埋葬された、と考えるのは短絡すぎるだろうか。

それにしても、中級貴族の娘ではあるものの、紫式部が公卿小野篁と並んでいるとは……。何か小野篁および小野一族との特別な関係があったのか。篁が不思議な伝承の持ち主だけに謎の深みにはまってしまう。残念ながら、今となってはふたりは黙して語ってくれない。

12

幕末の京都市街戦・今も弾痕が残る蛤御門

幕末に起きた「禁門の変」は、幕府軍（会津・桑名・薩摩）と長州藩との戦い。御所の西門・蛤御門には、そのときの弾痕が今も生々しく残っている。

◆鉄砲焼け、とも称される戦火に包まれた京の町

「禁門の変」は、元治元（1864）年7月19日に起きた。長州藩は、文久3（1863）年8月18日の政変により京都から追放されており、その挽回の戦いを仕掛けたのである。長州藩は久坂玄瑞（くさかげんずい）、真木和泉（まきいずみ）ら指揮官を先頭に、会津藩主で京都守護職の松平容保（まつだいらかたもり）をはじめ、桑名、薩摩藩など幕府軍との間に銃撃戦を行った。戦いは幕府軍の勝利となり、またしても長州は敗退したのである。この戦で長州藩の宿泊所になっていた嵐山・天龍寺は焼失し、京都の市街地も戦火

による大変な被害に遭った。３日間にわたって町は燃えつづき、この戦火の凄まじさを「鉄砲焼け」とも「どんどん焼け」ともいって、今も京都の人たちの記憶の底に焼き付いている。

◆蛤御門に痛々しく残る銃撃戦の跡

禁門の変では、御所を取り囲む御門も同様に銃撃の的となった。烏丸通に面して重厚な構えを見せる新在家御門は、銃弾によって痛い目に遭ったが、皮肉にもそのことで歴史に名を残すことになる。

それ以前、江戸時代にも御所はたびたび火災に見舞われている。天明８（１７８８）年1月30日、洛中にメラメラと火の手が広がり、大火となった。〝天明の大火〟という。じつはこの大火が発生するまで、御所の御門は固く閉じられたままで開くことはなかった。が、大火の猛烈な火勢に耐え切れずついに門が開け放たれた。「火に炙（あぶ）られて口を開ける蛤（はまぐり）のように」。以来、「焼けて口開（あ）く蛤御門」と呼ばれるようになり、新在家御門は別称「蛤御門」と呼ばれるようになった。

禁門の変が「蛤御門の変」とも言われる理由はそこにある。現在はこの門を観光バスが通り、弾痕の跡を、「痛かったろうに……」と手でさする人もいる。

◆公家町の名残、和の粋を集めた拾翠亭

今では禁門の変というより、「蛤御門の変」のほうが知名度は高い。広々とした御苑は京都市民、観光客の憩いの場となり、春の桜、秋の紅葉と、自然も楽しめる。かつてはこの地に多くの皇族、公家たちの屋敷が建ち並んでいた。「公家町」と呼ばれるほど。現在はわずかに南側、丸太町通に面した堺町御門を入って右方向に、九条家別邸「拾翠亭（しゅうすいてい）」が往時の姿をとどめ、一般公開されている。

〝拾〟は草花を拾い集めるという意味があり、〝翠〟はカワセミのことで、昔、御苑が自然に恵まれていたことを告げている。

13

「幕末の事件」をたどって河原町を歩こう

新選組が斬り込んだ池田屋事件、坂本龍馬暗殺の近江屋事件、勤王志士の隠れ家……。河原町の繁華街には、殺伐とした幕末の史跡が点在している。

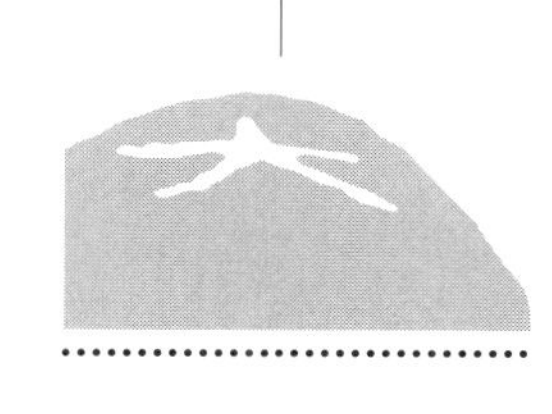

◆志士たちの密談中を襲った惨殺劇「池田屋事件」

三条大橋から西へ、三条小橋（下を流れるのは高瀬川）のたもとに、旅籠(はたご)池田屋があった。元治元（1864）年6月5日、祇園祭宵宮と重なった日、普段より人出はあったろう。木造2階建ての池田屋では、勤王の志士たちが集まり、ひそかに話し合いがもたれていた。一方、この情報を嗅ぎつけた新選組近藤勇、土方歳三らが、宿改めに駈けずり回っていた。夜の10時過ぎ、騒動は起きた。

二十数人の志士は逃げる者、斬られて息絶える者……。七人が死んだ、と思われていたが、彼らが埋葬された三縁寺（京阪三条近くにあった寺）が岩倉へ移転するさい、住職が墓地を掘ると、十六人の頭蓋骨が出てきたという。

三条通の一筋南側、東西に走る龍馬通に創作工芸「酢屋」という店がある。店前に、「坂本龍馬寓居之址」と石碑が立っている。龍馬はここに潜んでいたが、慶応3（1867）年10月頃、四条寄りの「近江屋」へ移った。この移転が龍馬の最期になろうとは……。

◆勤王の志士の隠れ家は、今は和食の食事処

近江屋は、主人は井口新助といい、醤油屋を営んでいた。龍馬は、慶応3年11月15日、ここの2階で同郷の中岡慎太郎と暖をとっていた。そこで、惨劇が起きた。突然に刺客が現れ、不意をつかれた龍馬は頭を斬られ、絶命した。犯行の真相は不明、いまだに諸説が語られ、京都見廻組犯行説、中岡慎太郎犯行説まである。龍馬が斃れた11月15日は、奇しくも龍馬の誕生日（絶命は16日といわれ、霊山の墓には11月16日と刻まれている）でもあった。

近江屋と河原町通を隔てて、間近に土佐藩邸があった。高瀬川沿いには、土佐

藩邸跡の石碑が立っている。

　四条河原町から北へ上がり、佃煮と甘味の「永楽屋」の先を東に入った路地に、「志る幸」という食事処がある。作家池波正太郎が贔屓にした店である。賀茂なす、生ゆば、お刺身など一品料理、汁物（白味噌汁がおいしい）、かやくご飯も美味。昼は予算2500円～3000円くらい。

　この志る幸は、勤王の志士・古高俊太郎（ふるたかしゅんたろう）が潜んでいた場所で、古高は薪炭商を営んでいた。しかし、古高は新選組に捕らえられ、壬生で拷問にかけられた。残酷な責め苦に耐えられず、ついに志士たちの動静を自白した。これが、池田屋事件につながるのである。

14 桂小五郎の潜伏の陰に幾松あり

明治維新の立役者、桂小五郎は、幕末に京都に潜み、倒幕に暗躍した。そこには一人の女性の支えがあった。維新の陰のヒロインである。

◆逃げの桂か、それとも運か。池田屋に不在だった小五郎

新選組・近藤勇ら隊士が襲撃した「池田屋事件」は、前頃で紹介したが、運良くこの事件に遭遇せず難を逃れた人物がいる。長州藩士・桂小五郎（1833～1877）、のち改名して木戸孝允（きどたかよし）である。桂は池田屋での密議に参加する予定だった。ところが、約束の時刻よりも早く着いたため、いったん、池田屋を離れ、三条上ル恵比須町にあった対馬（つしま）藩邸に立ち寄っていた（初めから行っていない説が有力）。

当時、長州藩と対馬藩は親密な関係にあったようだ。桂は時間つぶしか、用事があったのか、池田屋から近い対馬藩邸は桂にとって気軽に足を運べる場所だったに違いない。長州藩邸（現京都ホテルオークラ）も目と鼻の先である。

とにかく、桂は事件に巻き込まれずに済んだ。多くの志士が死をとげた事件を免れたことで、世間では、〝逃げの桂〟などと、陰口を叩かれるが、裏を返せば、事にあたり強運の持ち主だったといえよう。

◆追われる桂を守り通した芸妓・幾松の献身

木屋町通御池上ルに、京の風情をただよわせる料理旅館「幾松」がある。この建物の1階に、芸者幾松が身を寄せていた部屋「幾松の間」が残っている。今では取り払われているが、当時は幾松の間には、不意の敵に備えて天井に大石が隠されていた。また、幾松が隠れた長持、部屋から鴨川べりに出られる抜け穴などが幕末の緊迫を偲ばせる。幾松は情報収集のために、身をやつして二条大橋の下に隠れていた桂に、握り飯を差し入れた逸話などが残る。幕吏の厳しい追跡を逃れ、潜伏の身であった桂を、幾松は身を挺して支えたのである。

桂と幾松は、のちに夫婦になり、幾松は松子夫人として桂に尽くした。桂は明治維新後、政府の中枢にあり、廃藩置県、版籍奉還などに尽力した。西郷隆盛、大久保利通と並び称される〝維新の三傑〟であるが、三人とも短命であった。幾松こと、松子夫人は、桂の死後、出家して、翠香院と号した。明治19（1886）年4月10日、京都・木屋町で胃病を悪化させて亡くなった。享年44。桂と松子の墓は、京都霊山護国神社にある。

ところで、兵庫・出石（いずし）（豊岡市）に桂が潜んでいた場所がある。そこで幾松と会い、城崎などに立ち寄って大阪に出、海路下関へ逃げのびた。慶応元（1865）年4月のことである。この時の旅行が二人にとって新婚旅行ではないかとみる向きがある。とすれば、日本初の新婚旅行とされる龍馬・お龍の新婚旅行は慶応2（1866）年3月なので、桂・幾松の二人の方が1年早いことになる。

15

京都の表鬼門を守護するお猿さん

京都の表鬼門（艮の方角＝北東）を守るのは猿である。御所の「猿ヶ辻」から北東のライン上に幸神社、赤山禅院とあり、すべて猿がいる。猿は今日も皇城を固く守るべく目を光らせている。

◆京都の北東筋の表鬼門に配置された「猿」

京都御所の北東角に、「猿ヶ辻」と呼ばれる場所がある。築地塀の上部を見ると、烏帽子をかぶり、御幣を持った猿の置き物が、金網の中に閉じ込められている。なぜこの猿は金網の中に閉じ込められているのだろうか。じつはこの猿、夜になるとあたりを徘徊していたずらを働くというので、金網を張って外に出られないようにしてあるらしいが、本来の役目は鬼門除けのためといわれる。

元来、城や社寺、一般住宅などでは、北東の方角（艮の方角）は、悪い鬼が侵入してくる方角と信じられ、表鬼門とされてきた。泥棒の侵入を防ぐために、北東の筋を強固に守る家造りが行われてきた理由は、表鬼門を守るためである。猿は邪悪なものから守る神の遣いとされる伝承がある。

猿ヶ辻では、塀が内側に凹んでいる。これは、角を取ることにより、〝角（ツノ）をとって鬼を封じる〟という意味があるらしい。この猿ヶ辻から北東へ直線を引いてみると分かるが、幸神社（さいのかみのやしろ）、赤山禅院（せきざんぜんいん）、比叡山延暦寺（ひえいざんえんりゃくじ）と並び、これらはすべて表鬼門除けの地である。幸神社、赤山禅院にも、やはり猿がいる。延暦寺の守護神、日吉大社にも、神の遣いという猿がいる。京都の町を守る強固なシステムなのである。ところで、猿ヶ辻のみならず、御所の築地塀に近づくと、けたたましく警報音が鳴るので、近づかないようにご注意を。

◆姉小路公知暗殺の「猿ヶ辻の変」（朔平門外の変）

猿ヶ辻では、幕末に大変な事件が起きている。文久3（1863）年5月20日、尊皇攘夷の急先鋒、若手公家の姉小路公知（あねがこうじきんとも）（1840～1863）が、何者かに暗殺されたのだ。公知はちょうど御所で攘夷をうながす会議を終えて、猿ヶ辻にさしかかったときだった。不意を襲われた公知はその場で絶命した。これを、「猿ヶ辻の変」という。公知は24歳の若さだった。

内側にへこんだ御所の塀（猿ヶ辻）

刺客は誰だったのか。薩摩藩士・田中新兵衛だとされるが、真相は不明のままである。真犯人は金網に封じてある猿のみが知る……。なお、同年には「八月十八日」の政変も起きている。

御所での世間を揺るがす出来事といえば、慶応3（1867）年12月9日の「王政復古の大号令」と、その夜の「小御所会議（こごしょかいぎ）」がよく知られる。内容は王政復古の大号令が話し合われた。前日の8日には予備会議が行われ、「八月十八日の政変」で失脚・追放された七卿らの赦免についても会議が行われている。

16

元祖コスプレ!? 出雲阿国の男装パフォーマンス

出雲阿国は慶長8(1603)年春、北野天満宮を舞台に「かぶき踊り」の興行を行ったと伝えられる。この男装での踊りは見物客に大受け、阿国の名前が広まることになる。

◆出雲阿国の熱演に観衆も熱気沸騰!

四条大橋東詰に踊り姿の阿国(おくに)像がある。そこに「阿国歌舞伎発祥地」と刻まれている。阿国は島根県・松江の出身といわれる。元亀3(1572)年頃に誕生したらしいが、明確な生年は分からない。出雲大社の巫女(みこ)だったという説があり、大社の勧進(かんじん)のために京都にやって来たという。慶長8(1603)年、徳川家康が江戸幕府を開いた年に同じく、阿国は北野天満宮境内で、男装して踊りを披露した。このときの踊りは、一説に茶屋遊びに通う伊達者を演じたと伝わり、これが見物客の拍手喝采を浴びたようだ。当時、伊達者は軽佻浮薄な人物とされ、〝かぶき者〟などと称されたことから、阿国の踊りは「かぶき踊り」と名付けられたようだ。

阿国の踊りの評判はこの後も高まる一方となり、ついにはニセ阿国が登場するほどだった。慶長13（1608）年、阿国は四条河原で「女歌舞伎」の興行を行っている。阿国はここで自ら演じたとされるが、実際は阿国は踊らず、阿国の一座たちが踊ったともいわれる。

◆女歌舞伎はやがて禁止され、男歌舞伎へ

阿国はその後、京都から伊勢、さらには江戸へと興行を重ね、人気を博した。慶長12（1607）年、江戸で勧進歌舞伎を行っている。しかし、阿国が始めた女歌舞伎は、幕府から「風紀を乱す」との理由で禁止のお触れが出された。そして、女歌舞伎に代わり男性の役者が女形を演じるようになり、今につながる歌舞伎の礎となった。

現在、出雲阿国は「歌舞伎の祖」とされている。慶長18（1613）年頃に亡

くなったというが、これは定かではなく、よく分からない。

「阿国の墓」は大徳寺塔頭高桐院にある。高桐院は細川忠興（細川ガラシャの夫）が父・細川幽斎の菩提を弔うために建立した、細川家の菩提寺である。モミジとその木下闇に美しい翠苔を張り詰めた庭がある。拝観はできるが、阿国の墓へのお参りは残念ながらできない。

今も踊る出雲阿国の像

阿国像の近くには歌舞伎の殿堂「南座」がある。年末の吉例顔見世興行（235ページ参照）で知られる。江戸時代の元和（げんな）年間（1615～1624）、四条河原の東側に七つの芝居小屋ができた。今はそのうち南座だけが残り、阿国以来の歌舞伎の歴史を伝えている。

17

錦市場、首を左右においしい味散歩

江戸時代、魚問屋に始まり、野菜、京食材が集まる錦市場。地元のみならず、観光客の姿も多く、京みやげの掘り出し物が一つや二つ見つかるはずだ。

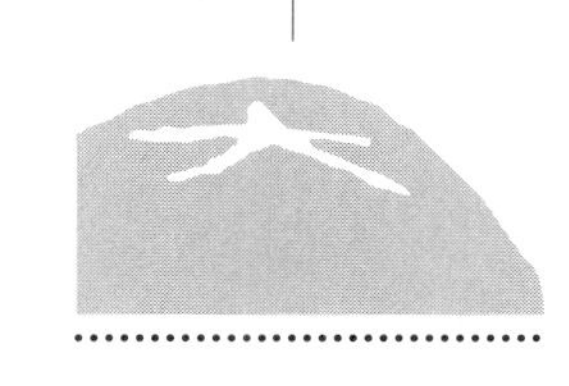

◆ついつい予算がオーバーするショッピング

新京極通、四条上ル「錦天満宮」から西へ、買い物客で混雑する「錦市場」のアーケードが延びている。通り沿いに120店余り、京漬物、京昆布、鮮魚、京野菜などの店が隙間なく連なる。左右に首をフリフリ、気に入った店で立ち止まってみたい。

錦市場は、元和元（1615）年、幕府から魚問屋の許可が出て以来発展したが、その前は具足（ぐそく）を扱う店が並んでいたことから「具足小路」と呼ばれていた。

今はどれもこれも食べてみたくなる味の店が揃う。南北に交わる通りを区切りにして、味散歩をしてみよう。

東から歩くと、御幸町通と麩屋町通の間では、味噌漬とちりめん山椒の「丸松味の顔見世」、焼ポンの「京丹波」。焼ポンは、特殊な圧力製法で焼き上げた栗のこと。店先で見ていて旨そうだったのでひと袋買って食べたが、やわらかく甘みがある。その場で食べるのがおすすめ。

◆錦市場にも甘味でひと休みできる茶房あり

つづいて、麩屋町通と富小路通の間では、さば寿司の「伊豫又(いよまた)」、富小路通と柳馬場通の間では、焼き魚などを扱う「魚力」、つきたての杵つき餅につい喉が鳴る「もちつき屋」。各種のし餅、よもぎ大福などが並ぶ。店内に茶房があり、抹茶パフェ、ぜんざいなどが味わえる。夏期限定の冷やしうどん（磯巻き2個付き）は、暑い京都で食欲が出る一品。

柳馬場通と堺町通の間では、京こんぶ「千波(ちなみ)」。こんぶ玉が人気のようだ。汐昆布をやわらかくし、山椒を練り込み、小さく丸めて山椒の粉をまぶしてある。

お茶漬け用に常備しておきたい一品。こんぶ玉は、他に生姜風味、唐辛子風味もある。最後は、スイーツの「冨美家(ふみや)」。ここのバウムクーヘンは、〝ふうばうむ〟という。抹茶味とプレーンの2種類。京の人たちのご贔屓の味の一つでもある。抹茶のふうばうむは試食できる。

錦市場は京都の人たちが食材を求める市場ではあるが、現在は京の味のおみやげを探す観光客の姿も目につき、いわば観光スポット的な存在でもある。各店も観光客を呼び込んでいる気配がある。

地下鉄烏丸線四条駅から徒歩約10分の錦市場。鮮魚、青果、手技の加工品が並んでいる

栗の焼ポン「京丹波」の店先

まんじゅう屋が守り続ける明智光秀の首塚

主君を討った明智光秀の謎は尽きず、その首塚も話の種にはおもしろい。その上、首塚の面倒を見ているのが、まんじゅう屋さんと聞けば、興味が湧いて来るではないか。

◆光秀は祠に祀られ、白川の安住の地で眠っている

東山三条、白川橋から南へ、柳が影を落とす白川沿い（左岸）に4分ほど歩くと、まんじゅう屋「餅寅（もちとら）」がある。店の横に人家が建ち並ぶ細い路地があり、その路地に入ってすぐ左手に瓦屋根の小祠と五輪塔が現れる。こんなところになぜ？　と思わせるが、「光秀の首塚」と伝わるものだ。

天正10（1582）年6月2日早暁、光秀は本能寺に織田信長を襲った。「本能寺の変」である。変の後、6月13日、山崎の合戦（90ページ参照）で光秀は羽柴秀吉軍に敗れ、七騎ほどのわずかな人数で、居城のある坂本（滋賀県）に落ち延びる。その途中、山科小栗栖（おぐるす）という場所で農民の竹槍に突かれ、深傷を負い亡くなったというのが通説だ。

このとき、家臣の一人溝尾庄（勝）兵衛が、光秀の首を斬って馬氈（ばせん）（馬の鞍を覆う布）に包み、知恩院門前までたどり着く。しかし夜が明けたので、溝に首を

明智光秀の首塚を守る「餅寅」

明智光秀の首塚。小さな祠には
光秀の木像が安置されている

2種類の味が楽しめる「餅寅」の光秀饅頭

隠し、後に今の場所に葬ったらしい。供養の五輪塔が建てられたのは、ずっと時代が下ってからという。

◆人気上昇中！「餅寅」の光秀饅頭を、お参り後に二つ

五輪塔は明治時代にはあったらしいが、祠と同様にいつ頃建てられたものか判然としない。ただ、光秀の首塚を指し示す石柱（道標）があり、そこに弘化２（１８４５）年の銘があることから、首塚はそれより前からあったことは確かだろう。

小祠の横には、光秀役を演じた市川団蔵という役者が、明治36（１９０３）年に墓石を建て、光秀の戒名「長存寺殿明窓玄智大禅定門」と刻まれている。祠の

中は薄暗くてよく分からないが、厨子には光秀の木像が安置されている。木像は8月23日前後の「地蔵盆」に公開される。

首塚は町内会で守っていたが、守る人が一人抜け二人抜け、戦後は「餅寅」の当主が代々守り続けている。祠の前では静かに手を合わせる人、写真に収める人を見かける。遠方からの観光客も増えているという。歴史好きのみならず、今やちょっとした観光スポットになりつつあり、光秀もそのキンカン頭を傾げているかもしれない。

「餅寅」では、光秀饅頭を作っている。抹茶の生地に京都らしい白味噌あんを詰めたものと、黒糖の生地につぶあんが入ったものの2種類。上部にはそれぞれ光秀の家紋である桔梗紋の焼印が押してある。

白川のせせらぎを聞きながら、光秀饅頭を味わいたい。

おいしいお水取り「宇治橋三の間」

茶人は凝り性なのか、同じ川の水でも場所を選ぶという。「三の間」の水を所望じゃと、秀吉は、利休は言ったのかどうか。秀吉主催、利休演出の北野大茶会にも使われた水である。

◆豊臣秀吉も千利休も味わった「水」の味は？

水澄む宇治は、『源氏物語』終盤の「宇治十帖」で知られ、宇治川沿いに史跡が点在している。滔々（とうとう）と青い流れを見せる宇治川に架かる、全長153メートルの宇治橋は、京阪宇治駅からすぐにあり、その西詰に不思議な出っ張りがある。宇治川の展望所か？　休憩所？　これには名前が付けられており、「三の間」という。

なぜ三の間なのか。それは橋の西詰から数えて三つ目の柱間に造られているから。では、造られた目的は？　ここから釣瓶を川に落とし、川の水を汲むのだ。茶の湯の水に使うためである。千利休（1522～1591）、豊臣秀吉（1537～1598）もここから汲んだ水を使い、秀吉は、北野大茶会にこの水を運ばせたと伝わる。

川の真ん中でもよさそうだが、真ん中は勢いが強すぎて水が喧嘩をし、不味い。では川岸はどうか。川岸は水が澱み、これを飲むと病気になるとの言い伝えがある。旨いのはやはり三の間から汲み上げた水らしい。

◆お茶と茶だんご、茶そば、お茶尽くしでひと休みしましょ

宇治で毎年10月第一日曜「宇治茶まつり」が催される。三の間から水を汲み上げる「名水汲み上げの儀」が行われ、水は興聖寺（40ページ参照）へ運ばれて茶祖栄西禅師に献茶される。門前の茶筅塚に参り、その後、抹茶を味わう。チケット（2500円。宇治観光協会へ問い合わせ☎0774・23・3334）を購入すれば、一般の方でも参加できる。

宇治橋の東詰には、吉川英治『宮本武蔵』に登場する「通圓茶屋」がある。創

業以来800年以上の「超」老舗である。店頭に、千利休が作ったとの言い伝えがある釣瓶が置いてあり、店内の茶房では抹茶、煎茶、茶だんごで一服できる。食事はざる茶そば、にしん茶そばなど。宇治みやげには、ブレンドした煎茶の「お通さん」と「武蔵」。甘みのあるお通さん、さっぱり系の武蔵は、二人の人柄を偲ばせる味である。

通圓茶屋から、歩いてほどなく平等院がある。道沿いにある数軒の茶舗からお茶の香ばしい香りがただよってくるのが、宇治らしい。

絹織物の「西陣」を歩けば今も機織りの音

西陣の路地を歩くと、地元の人が立ち話をしていたり、お買い物の子どもを見かけたり、今でも普段着の生活が見られる。路地に聞こえる機織りの音は、西陣らしい音風景である。

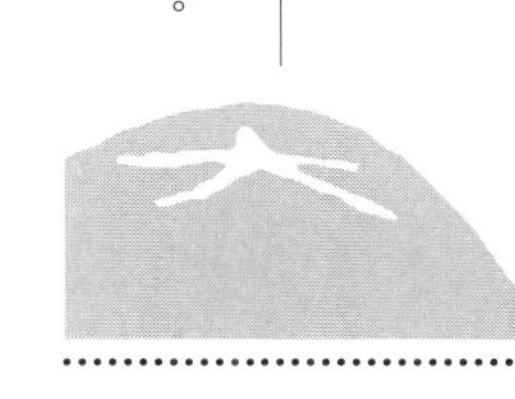

◆応仁の大乱に由来する「西陣」という地名

西陣というエリアは広範囲である。東西の範囲は烏丸(からすま)通から西大路通、南北の範囲は、丸太町(まるたまち)通から北大路通におよぶ。東西に延びる今出川(いまでがわ)通を境にして、北側は「北界隈」、南側を「南界隈」に分けることがある。路地を歩きながら耳を澄ますと、軒の低い格子造りの町家から、機織りのガッチャン、ガッチャンという音が聞こえてくる。

現在では西陣と聞けば、「着物作りはるの?」とか、「ええ帯やなぁ」とか、穏やかに話がはずむのだが、かつて西陣といえば十数年におよぶ戦乱の中心地だった。応仁元（1467）年に火ぶたを切った応仁の大乱（関連記事27ページ）は、足利将軍家、管領（将軍を補佐して幕政を統轄する職）を巻き込み、市中は火の渦となった。そのとき、現在の堀川通より東側に「東陣」を置いたのが細川勝元、西側に「西陣」を置いたのが山名宗全である。

◆東陣、西陣それぞれの武将が残した古刹と山城

東西両陣営の戦いは熾烈を極めたが、山名宗全の「西陣」は地名として残り、東陣は残念ながら消えてしまった。堀川今出川の交差点から北へ、左手に見えてくる京都シティホテルの先の路地を西に入ると、山名宗全の邸宅跡の碑がある。周辺は「山名町」という。このあたりに、「西陣」があったものと思われる。

山名、細川の戦いは勝敗を決することなく、山名宗全は文明5（1473）年3月18日、70歳で病死した。一方の細川勝元は宗全の後を追うように、文明5年5月11日病死した。44歳だった。勝元は石庭で有名な龍安寺を創建した人物で、鯉の産地を言い当てるほどの鯉好きでもあった。また宗全は、現在の兵庫県朝来

市に、竹田城を築城している。この城は今、天空の城、日本のマチュピチュなどともてはやされ、秋から冬に朝霧がたなびくさまがロマンチックと、若いカップルが押し寄せている。

◆西陣織の美しさに触れられるスポット

西陣織は江戸時代、元禄期に繚乱期を迎えた。享保の大火（1730年）、天明の大火（1788年）と二度の大火をくぐり抜け、技術革新を積み重ねて発展している。堀川今出川から南へ、機織り作業の実演と絢爛の西陣織が見られる「西陣織会館」も訪れてみたい。ここでは食事もできる。

京都には船が山を越えてやって来る

船は水に浮かぶものだが、京都では陸地を走った。傾斜鉄道というインクラインの台車に乗って。京都再生の願いを託されて、努力賞をあげたいほど頑張ったのだ。

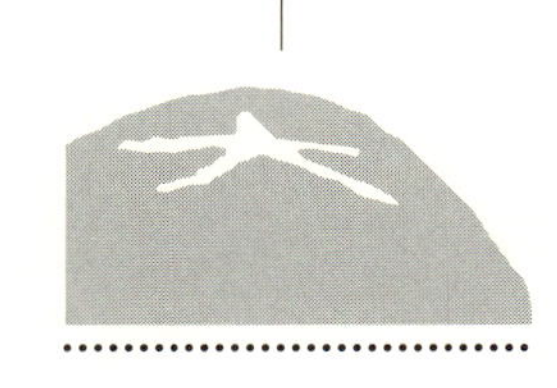

◆京都を起死回生させる琵琶湖疏水プラン

京都にとって大きな試練だった。明治2（1869）年、東京遷都により、人口が急減し、産業は振るわず、停滞していた。近代都市への脱皮が急務であった。明治14（1881）年2月、京都府知事北垣国道（きたがきくにみち）は、あるプロジェクトを実行するべく行動に出た。それは、琵琶湖の水を京都に流し通す「琵琶湖疏水（びわこそすい）」の計画である。これには運河を開削し、船による物資の運搬を可能にし、生活用水を確保、水力発電による産業復興も念頭にあった。この計画はすばやく実行に移され、明治14年4月には、京都〜大津間の測量を開始。明治16（1883）年2月には測量が終了し、同11月に、「琵琶湖疏水起工伺」を政府に提出。明治18（1885）年1月29日、起工特許がおり、工事は始まった。

◆ケーブルカーの原理を活用したインクライン

ここで北垣知事のサプライズがあった。琵琶湖疏水工事の主任技師に、工部大学校（現在の東京大学工学部の前身の一つ）を卒業したばかりの21歳の青年技師田邊朔郎（たなべさくろう）を抜擢したのだ。本人の気持ちはいかばかりだったか。今となっては知る術はないが、結果的には、これが成功したのである。

田邊は創意工夫と努力を重ね、ついに明治23（1890）年3月、第一疏水を完成させた。これは、外国人の力を借りずに、日本人による技術力を大いに発揮した出来事であった。琵琶湖疏水は、滋賀県大津市の取水口から第一トンネルをくぐり抜け、京都市山科区から第二、第三トンネルを通過し、京都市蹴上（けあげ）まで全長8キロを流れる。琵琶湖からゆったり進んできた長さ15メートル前後の底の浅い三十石船（積載量約4トン）は、約1時間30分〜2時間の船旅を終えて蹴上で陸揚げされ、台車に乗せられ鉄路を下る。この台車が走った傾斜鉄道をインクラインという。鉄路は約582メートル、幅約22メートル、高低差約36メートル、勾配15分の1（傾斜3・8度）。台車は南禅寺船溜りまで下り、ふたたび水に浮かぶ。

インクラインに沿って延びる大きな鉄管は、琵琶湖疏水を蹴上で水力発電に使用するために設置されたもので、水力発電による電力は、傾斜鉄道の動力源にも利用されたのである。

◆春は桜並木のさびしき錆びた鉄路に花は散る

人気（ひとけ）のないインクラインには、往時の台車が置かれ、寂しさがただようが、春は桜並木が錆びた鉄路に花を散らしている。インクラインは、明治23年1月に竣工し、翌年11月から稼働した。最盛期には、1日150往復し、約20万の人達が、船旅を楽しんだという。

琵琶湖疏水は、豊かな水量を流しつづけている。第一疏水完成後、蹴上から南禅寺境内にある水路閣を経由して哲学の道へ流れる疏水分線、鴨川運河などが完

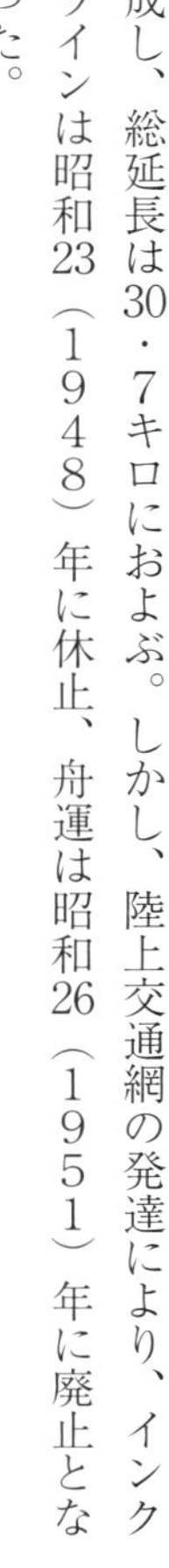

成し、総延長は30・7キロにおよぶ。しかし、陸上交通網の発達により、インクラインは昭和23（1948）年に休止、舟運は昭和26（1951）年に廃止となった。

インクラインへは、地下鉄東西線蹴上駅下車。

台車に舟が乗せられている

鉄路は坂の上へと伸びている

漱石が俳句に詠んだ〝川向こうの女〟

明治25（1892）年、夏目漱石は、正岡子規と二人で初めて京都を訪れた。以来四度京都の旅を体験し、小説に発表した。また男と女の絶妙の立ち位置を、句に表している。

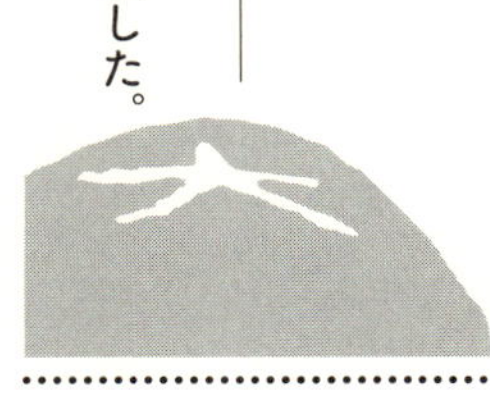

◆京都の思い出、漱石が文芸芸妓に贈った一句

夏目漱石（1867〜1916）と京都は少なからず関わりがある。明治40（1907）年3月、東京帝大の教授を辞めて、朝日新聞社に入社した漱石は、作家第一作として『虞美人草』を発表した。京都を舞台にした作品である。新聞社に入社後、同年4月に二度目の京都への旅に出、都をどりを見て、祇園の「一力」で遊興の時間を過ごしている。ちなみに初めての京都は、先に触れたように明治25年に正岡子規との旅だった。「漱石」というペンネームは、正岡子

規の多数持っていたペンネームの一つを譲り受けたといわれる。

明治42（1909）年に三度目の旅。そして大正4（1915）年3月の、四度目の上洛では、木屋町三条に宿をとり、1カ月ほどを過ごした。漱石49歳。京都では、ある女性との交遊があった。名前は磯田多佳（1879～1945）という。お多佳女は当時、文芸芸妓といわれ、生家でもある茶屋（「大友」）の女将で、茶屋には当代の作家が出入りしていたようだ。漱石は琴線に触れるものがあったのか、

春の川を　隔てて　男女哉

の一句をお多佳さんに贈っている。川は鴨川。鴨川を隔てて、川向こうのお多佳さんへの春らしいメッセージである。

◆白川のほとり、簾が下がるお茶屋と巽橋周辺へ

お多佳さんのお茶屋は、祇園白川のほとりにあった。現在、その場所に枝垂桜が植わり、歌人吉井勇（1886～1960）の歌碑がある。「かにかくに　祇園は恋し　寝るときも　枕の下を水の流るる」と刻まれている。毎年11月8日碑

前で「かにかくに祭」が行われる（228ページ参照）。この日は舞妓さんたちが碑前に集まり、菊の花を手向ける。

北白川から流れてくる白川は、清らかな音をたてている。漱石もこの場所に靴音を響かせたか、お多佳さんの三味の音でも聞いたか。

漱石がお多佳さんに贈った句は、御池大橋（中京区）西詰にある漱石の句碑に刻まれている。1967年、漱石生誕100年を記念して建てられたものである。鴨川の水音が耳にとどく場所で、2008年、漱石の會有志らによって、漱石の追善供養が行われた。

漱石の五度目の京都への旅行はなく、四度目の旅の翌年、持病の胃潰瘍を悪化させて、この世を去った。今また漱石ブームといわれ、その作品が愛読されている。

後白河法皇はなぜ大原に御幸したのか

大原は市内にくらべて、素朴さが色濃く残る山里である。しば漬に使う紫蘇畑がひろがり、その風景はあたかも建礼門院が鎮魂のため大原に来た時代のままのようである。

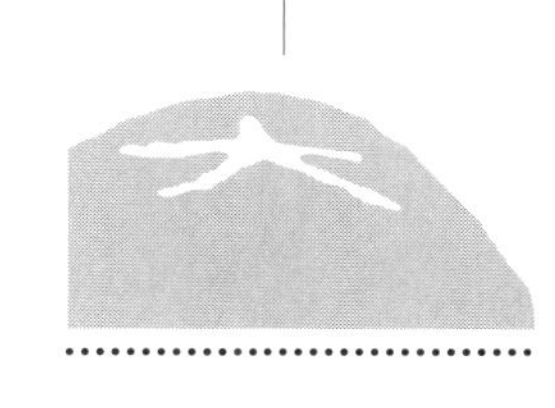

◆壇ノ浦合戦に敗北した清盛の娘徳子の落魄

京都市街の北、のどかな大原の山里に、色付きはじめた紅葉が秋の始まりを告げる頃、寂光院（じゃっこういん）へと歩く。建礼門院徳子もまた「憂きごと聞かぬ深き山の奥へも入（い）りなばや…」と、わが子安徳（あんとく）天皇と平家一門の菩提を弔うために、寂光院に入った。文治元（1185）年9月のことである。

建礼門院徳子は、平清盛と時子（二位殿）の娘である。徳子16歳のとき、第八十代高倉天皇に入内し、のちの安徳天皇をもうけた。しかし徳子は不幸の人であった。

夫高倉天皇は21歳で崩御、世は源平争乱の時代を迎え、平家一門は幼い安徳天皇を奉じて西走する。そして平家一門は元暦2年3月、壇ノ浦合戦に敗れ、安徳帝とともに海の底に沈んだ。帝はそのとき、まだ8歳の幼子であった。徳子も入水したが、源氏方に助けられたのである。一人京に戻された徳子は、東山・長楽寺に身を寄せ、出家して、仏門に生きるために、隠棲の場所として寂光院を選んだのである。

◆後白河法皇が見せた涙は…大原御幸

山の暮らしにも慣れた頃、文治2（1186）年初夏、思いもかけない人が草庵を訪れた。義父・後白河法皇である。これが『平家物語』に出てくる大原御幸(おおはらごこう)である。法皇はあまりの侘び住まいに涙を流す。建礼門院を見ては、わが皇子高倉帝の中宮だった頃を思い出して、涙はあふれるばかりだった。義理の親とはいえ、親心を見せた涙だったのであろうか……。

現在、寂光院には宝物館「鳳智松殿(ほうちしょうでん)」が造られ、『大原御幸絵巻』、安徳天皇像、『平家物語』の写本などが展示されている。大原御幸の涙以来、８００年という年月が過ぎた。建礼門院は、大原を去り、都に戻って史実よりも長生きしたとの説もあるが、大原で亡くなり埋葬されたとされている。寂光院の裏手にその御陵がある。

◆安徳天皇は女だった⁉

安徳天皇に関して幼子故か願望からか、生存説が根強い。『続天皇家の歴史』（ねずまさし著・昭和28年初版）に、ある川柳が紹介されていた。その一つが、

人の見ぬ方へ　二位殿　ししをやり（＊しし、とは小便のこと）

じつは、安徳天皇は女だったという川柳である。この川柳の裏には、平清盛が外戚を守るために女子だった安徳天皇を男と主張したとする説がある。女帝だったとする真偽は定かではないが、どちらにしても母子の心情が察せられるのである。

武将の命運を分けた一戦「これぞ天王山」

俗な言い方をすれば、次期社長の座を狙う二人が、運命を賭けた大一番。世の常だが、勝利者は用意周到なのに対し、敗者には不確実な頼みの綱を信頼した〝詰めの甘さ〟があった。

◆天下分け目の天王山、秀吉天下取りへの戦い

備中高松城（現岡山市北区高松）を水攻めの最中、今風にいえば、羽柴秀吉に衝撃的なニュースがもたらされた。織田信長が本能寺で明智光秀（1528〜82）に弑された、というのだ。にわかに信じがたい話であったが、秀吉はすぐさま光秀を討つべく「中国大返し」の行動に出た。備中から姫路、さらに摂津・富田まで7日間で駆け、早くも6月13日には、大山崎（現京都府下乙訓郡大山崎町）の天王山（標高270・4メートル）に布陣した。

光秀は秀吉の迅速な行動を甘く見ていた。これほどまでに早く着陣するとは…と思いつつ、秀吉軍を迎撃するために山麓に陣を張り、両軍は激突した。「山崎の合戦」である。これは、天下分け目の一戦だったが、両雄が天王山で対峙したことから、今でもスポーツなどで大事な戦いを「天王山」という。合戦は秀吉が勝利をおさめ、光秀は敗北した。光秀軍は完膚なきまでに叩かれ、残る手勢はわずか700人余となっていた。光秀は再起を期すべく、居城のある坂本に逃れる途中、山科・小栗栖で農民の竹槍に命をおとした（70ページ参照）。

◆光秀敗れたり。頼みの武将は「洞ヶ峠」で戦況分析

光秀十二日天下。辞世の偈にあるように、「五十五年ノ夢」は、果たしてどんなものだったのだろうか。天王山の決戦に備えて、光秀は娘の玉（細川ガラシヤ）が輿入れしている細川忠興とその父藤孝、光秀の第四子が養子となっている大和の筒井順慶に味方するように申し入れている。しかし、藤孝は髷を切り隠居、忠興は妻の玉を丹後・味土野の山里に幽閉させた。一方、順慶は出陣する、といいつつも、京都と大阪の境にある「洞ヶ峠」で、天王山の戦況の行方を眺めてい

た。

順慶は光秀軍の形勢不利を察知し、ついに出陣せず、というよりその気は毛頭なく、秀吉軍に味方する。この一件から後世、「日和見(ひよりみ)の順慶」などと言われた。また、「洞が峠を極め込む」という言葉があるが、順慶の故事にちなみ、有利な方につこうと形勢をうかがうことを意味する。

◆天王山へ「秀吉の道」ハイキングで天下取り!?

天王山山頂へは「秀吉の道」というハイキングコースができている。道沿いには、本能寺の変から中国大返し、天下分け目の天王山、光秀の最期、秀吉天下人(てんかびと)へなど、六つの陶板画入り案内板が設置されており、ハイキングを楽しみながら秀吉の天下取りの物語を知ることができる。ハイキングの出発地はアサヒビール大山崎山荘美術館。ここから天王山山頂広場まで約2・6キロ、徒歩1時間弱。山頂に売店はないので、飲み物、食べ物は持参するほうがよい。＊大山崎山荘美術館へは、JR山崎駅から徒歩10分または送迎バス5分（20分毎に出発）。

七代目植治の「庭」を見ずに京都を語ることなかれ

名庭師・七代目植治を語るとき、東山に連なる山々が話にのぼり、京都の一大事業だった琵琶湖疏水が話題になる。植治の庭には京の清らかな山水が凝縮しているのである。

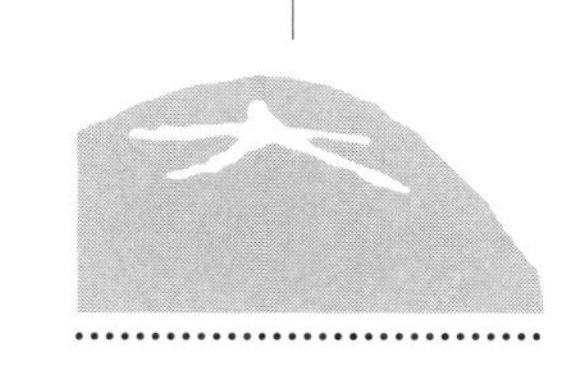

◆東山の借景と琵琶湖疏水がキーポイントの庭造り

万延（まんえん）元（１８６０）年、将来の名庭師が長岡京市に誕生した。通称植治こと七代目小川治兵衛である。植治とは、植木屋治兵衛を詰めた屋号。小川家七代目の作庭師となって活躍し、昭和８（１９３３）年まで生きた。植治は南禅寺周辺の別荘の庭、平安神宮神苑、円山公園なども作庭し、京都で「七代目」といえば、ああ、植治ですな、と名前が挙がるほどの名庭師なのである。

七代目植治が手がけた庭は、南禅寺界隈に多く見られる。その理由は、東山を借景とし、琵琶湖疏水を取り入れた巧みな庭造りを得意としたからである。その一つ、永観堂の北側に南禅寺境外塔頭・光雲寺がある。座禅をする人以外、観光客は見かけないが、ここに植治が昭和2（1927）年に手を入れた庭がある。

東山・霊芝山（れいしざん）を借景にし、庭に奥行きをもたせる樹木の連なり、石の取り入れの妙と疏水（そすい）がサラサラと音を立てる池泉式庭園は、書院に座して見るのもいいし、庭に下りて歩くのもいい。ツツジの花の頃や、とくに秋の紅葉の時期は、見惚れてしまう。添えておくと、この寺は、二代将軍徳川秀忠の娘、後水尾天皇の中宮和子（まさこ）の菩提寺でもある。

◆疏水流れる庭が静かに見つめていた政治会談

南禅寺の西側には、明治の元老・山縣有朋（やまがたありとも）（1838〜1922）の別邸「無鄰菴（むりんあん）」がある。ここにも七代目植治の庭がある。およそ1000坪の庭は、琵琶湖疏水が滝口から勢いよく池へ流れ、巧みな流路をせせらぎとなって、水音を奏でている。回遊してみると、どこにいても水音が聞こえ、この流水の巧みこそ、植治の真骨頂であると実感する。樹木はあたかも遠くの東山へと、緑の帯のように盛り上がりながら連なり、眺めに奥行きをもたせている。
　木造の母屋では、抹茶が味わえるが、山縣は母屋縁側から見る二筋のせせらぎに、生まれ故郷の萩城下・川島地区を流れる橋本川と松本川を思い描いていたとも伝わる。明治36（1903）年4月21日、四人の政治家が、この庭を前に会議をしていた。元老山縣有朋、政友会総裁伊藤博文、総理大臣桂太郎、外務大臣小村寿太郎である。木造母屋に隣接するレンガ造り2階建て洋館の2階の部屋で会議がもたれた。「無鄰菴会議」といわれる。日露開戦前の外交方針を決める話し合いだった。会議室は今も残されている。

無鄰菴庭園

無鄰菴母屋

第2章

京都の寺社はナゾだらけ

愛猫家をはじめ、ペット愛好家に密かにブーム【称念寺（猫寺）】

通称「猫寺」に伝わる〝猫の恩返し〟
──困窮した寺がふたたび隆盛となった秘めた話。
境内には寺の繁栄を告げる猫松がある。

◆♪京都〜猫寺女がひとり〜またやって来る

千本今出川の交差点を北へ歩き釘抜地蔵（石像寺、359ページ参照）を右手に見て進み、ほどなく右に折れ狭い路地を辿りながら行くと、猫寺（寺之内通浄福寺西入ル）の静かな門前に着く。瓦葺の山門右手に案内板がある。それを読むと、大まかにこの寺がなぜ猫寺と呼ばれるのか分かる。

猫寺は通称で、正式には本空山称念寺（ほんくうざんしょうねんじ）という、浄土宗のお寺である。山門を入ると、正面に本堂があり、樹高2〜3メートルほどの松が本堂に向かって地面

本堂に近づいている猫松

を這うように伸びている。あたかも猫が這う姿にも似ていることから「猫松」と呼んでいるらしい。後述する三世住職の頃に植えられたというから、樹齢３００年は経っていると思われ、不思議なことに、この猫松は枝を天に向かって伸ばさず、本堂に少しずつ近づいており、その枝の長さは20メートルほどに達する。

余談になるが、京都では善峯寺（西京区）にこの猫松と同様に枝を龍のようにくねらせる「遊龍松」がある。

小ぢんまりとした境内に猫松以外に、本物の猫が安気に昼寝でもしているのか、と思いきや、猫の姿は見かけなかった。これは帰り際に、タクシーの運転手に尋ねた話だが、「この間も女性の方が猫寺とおっしゃるので、来たばかりです」という。今世の中は空前の猫ブームの到来で、猫好きの女性のお参りが増えているとのことだ。

観光寺院ではないが、寺では猫のお守りを販売しており、ペットのお墓もある。ペットの供養は要相談とのことだ。

◆三世住職のつつましやかな生活と愛猫のエピソード

猫寺・称念寺は土浦城主（茨城県）松平伊豆守信吉（まつだいらいずのかみのぶよし）が帰依していた獄誉上人（がくよ）を中興開基として、慶長11（１６０６）年に建立された古刹である。

さて、中興開基から数えて三世となる還誉上人（げんよ）（近江・水口の長束正家（なつかまさいえ）と本多忠勝の妹お栄の子）の頃には松平家とも疎遠となり、還誉上人は生活に困窮し、托鉢に出るほどであった。そんな生活の慰めが猫であった。愛猫家だった還誉上人は自分の食べ物はさておき、猫には十分な食べ物を与え、ことのほか大切に飼っていた。

ところが、その猫は、月が煌々と輝くある夜、何を思ったものか姫姿に化けて還誉上人の前に現れ、踊りを披露したのだ。これは一つの考え方であるが、猫は還誉上人の貧乏生活をつぶさに見ていたので、上人を慰めるために現れたのか……。また霊夢のごとき、何かを知らせようと踊りを思いついたにちがいない。しかし、猫の行為に対し、これを見た還誉上人は激しく怒った。「私が生活に困っているのに、なんだこれは……。浮かれるにもほどがある‼」と、ついに猫を寺から追い出したというのだ。

何事もそうであるが、感情の起伏の前に、一歩立ち止まり、(不思議な現象として思いをめぐらし)還誉上人も僧侶らしい「思慮深さ」が必要だった。

それからしばらくして、還誉上人の夢枕にあの猫が現れた。そして上人に告げた。

「明日の朝、一人の武士が訪ねてくる。その人を親切におもてなしすることです。きっと吉兆がやって来るでしょう」

果たして、お告げの通り一人の武士がやって来た。その武士は疎遠となっていた松平家の家士であった。「じつは昨夜、松平家の姫が亡くなりまして……。姫様の遺言で、称念寺に葬り、供養してほしい……と」。これを聞き、還誉上人は合点し、姫様をねんごろに葬った。これを機に、称念寺は栄え、通り名として、猫寺と呼ばれるようになった。

後日談ではあるが、還誉上人は愛猫を偲び、境内に松の苗を植えた。それが前述した猫松である。常緑の松は隆盛の印であるが、本堂に近づくように枝を伸ばす猫松は、猫の化身として寺を守る象徴であり、本堂に近づけば近づくほど、称念寺に幸福をもたらすのだという。寺に伝わる「猫の報恩」を信じる愛猫家は、猫寺・称念寺を訪ねるべし、である。

仏舎利さんに触れる「生身供」法要

【東寺・御影堂】

早起きは何とやら……、きっといいことがある。東寺では早朝の開門を待ちわびる人々がいる。大師さまは今も生きていると信じられているから、大師の住房、御影堂に朝のお参りをするのである。

◆大師さんの生身供で一人一人に授かる仏舎利の功徳

早朝の5時。東寺（とうじ）では開門を待ちかねたように、境内に一目散に駆け込む人たちがいる。向かう先は、境内の北西に位置する御影堂（みえいどう）（国宝）である。御影堂の唐門、または西門の前には、5時50分頃になるとお参りの人が次第に増えてくる。するとまもなく、御影堂の鐘が10回鳴らされ、その後、唐門、西門が開門される。

御影堂（みえいどう）は、弘法大師空海（７７４〜８３５）の住房であり、大師堂ともいう。

6時になると、大師の朝食が始まる。一の膳、二の膳、お茶をお供えする「生身（しょうじん）

供(く)」法要のことで、毎日行われる。大師さんは今も生きておられると信じられ、早起きしてきた人たちは、堂内の外陣(げじん)に座して息を凝らして見守る。そして法要の最後に、大師が唐から持ち帰った仏舎利(釈尊の遺骨)を頭と両手に、そっと当ててもらう。釈尊仏骨のありがたさ、功徳が伝わるのである。仏舎利は、〝仏舎利さん〟と呼ばれている。なお、仏舎利さんの授与は6時20分頃と、7時20分頃の2回行われる。

◆音吐朗々の読経と仏の知恵を授かる大般若会

生身供の法要が終了する頃、東寺の境内に朝の光がまぶしくそそぎ、伽藍の黒々とした甍(いらか)が光に照り返る。御影堂では、生身供の他にも、我々が参加できる法要がある。

毎月1日の10時から始まる「大般若会(だいはんにゃえ)」も御影堂で行われる。仏の教えを綴った最大の仏典、600巻もの大般若経を転読するもので、法要の最後には順番に、大般若経を頭に当ててもらえる。「仏の智恵」に触れられるとあって、これまた参拝者は多い。とくに1日は早朝の生身供とあわせてお参りすれば、功徳はいっそう、ありがたきものとして得られるのである。

御影堂には大師尊像(国宝)が祀られているが、鎌倉期の天福元(1233)年仏師康勝の作と伝わり、現存する大師像では最古のものという。本尊はたいてい南向きに鎮座する。しかし、この尊像は北を向いている。その理由は、東寺から見て北には宮闕(皇城)があり、皇室と国家の安泰を願い、見守っているのだ、という。

弘法大師は、承和2(835)年3月21日、高野山奥の院で入定された。東寺では毎月、月命日の21日には、報恩感謝をささげる「御影供」も執り行われる。午前10時から始まり、およそ50分で終了する。一般参拝者も参加できる。

御影供の日には境内で「弘法さん」(232ページ参照)が開かれる。京都を代表する市の一つなので、あわせて御覧になったらどうだろう。

後白河法皇の「数量無尽の信仰心」【蓮華王院】

入道姿の後白河法皇は、蓮華王院（三十三間堂）の観音信仰、生涯34回の熊野本宮詣と、数量の多さを信仰に結びつけた人である。ここ蓮華王院には内陣三十三間に1000体の観音像が並んでいる。

◆頼朝に大天狗といわれた後白河法皇と三十三間堂

平安時代末期、第七十七代後白河天皇（1127〜1192）は、在位わずか3年で譲位し、院政による政治色の濃い上皇となった。院政とは、白河上皇の権勢下に定着した政治形態をいう。天皇よりも、上皇、または法皇（仏門に入られた太上天皇のこと）が国政への権限を強固にするもので、後白河上皇の場合、武家の台頭に対し、権謀術策の限りを弄した観が強い。

後白河上皇は、仁安4（1169）年6月、御所として住まわれていた法住（ほうじゅう）

寺殿で出家、法皇となった。法住寺殿は、蓮華王院（通称三十三間堂。以下通称ですすめる）の東側にこぢんまりした境内を持つ法住寺がその名残であり、法皇健在の往時には、三十三間堂も法住寺殿の敷地内に含まれていたと伝えられる。

三十三間堂は、長寛2（1164）年に落慶した。平清盛が後白河上皇（当時）に寄進したものである。正式には、すでに記したように蓮華王院といい、「千手観音の仏堂」を意味する。応仁の大乱の戦火を免れた建物の一つである。建物は東に面している。なぜ東を向いているのか。のちほど説明するが、法住寺殿との関わりがある。

◆法皇を浄土へ見送る等身大の観音立像1000体が並ぶ

まず、三十三間堂だが、南北に約125メートル、東西に約22メートルと南北に細長い建物である。内陣は南北に33間、東西（奥行き）に3間ある。内陣が33間あることから三十三間堂と呼ばれる。堂内は外陣（南北120メートル）の障子戸に差し込む明かりがあるだけで薄暗く、千手観音坐像（国宝）を中心に、内陣の南北に500体ずつ観音立像が並んでいる。観音立像には、両脇に40本の手が付けられ、顔は11面あることから「十一面千手千眼観音」と呼ばれる。

後白河法皇は、「数量の信仰」により、仏心に篤く帰依し、願うべくは浄土へ導かれることを希求した。ここから計算機が必要になる。観音像は「33変化身（へんげしん）」するとされ、33間に一体ずつ並び33身とすると、1001体×33＝3万3033体になり、さらに千手、千眼が加算されると、どうなるか。じつに膨大な数になり、まさに信仰の大物量作戦なのである。1001体もの観音像が、すべて東面して法住寺に向いているのは、法住寺に隣接する後白河法皇陵を見守っているのだという。法皇が崩御されてから800年余、安らかな眠りについているかどうか。きっと、観音の多数巨量の功徳により安堵され、往生の旅路を歩かれているに違いない。

◆後白河法皇ゆかりの寺で公開される法皇像

数量の信仰では、後白河法皇は、生涯34回もの「熊野本宮詣」に出かけ、新宮・那智には15度訪れている。131ページで取り上げる「新熊野（いまくまの）神社」がある場所は、かつて法住寺殿の敷地内だったといわれ、法皇が熊野から勧請した神社である。それほど、熊野に執念というべきか、思い入れが強かったのである。

現在、法住寺では、毎年5月1日〜7日に、後白河法皇木像がご開帳される。ついでながら、ご開帳といえば、後白河法皇が六条西洞院に造営したと伝わる六条殿の持仏堂、六条寺町にある「長講堂」（正式には、法華長講弥陀三昧堂）には、後白河法皇尊像が安置されており、毎年4月13日の法皇命日に開帳される。

ここまで後白河法皇について述べてきたが、法住寺の本尊は身代わり不動である。この不動明王は、忠臣蔵でお馴染みの大石内蔵助が討ち入りの成就を願い、当時住んでいた山科からお参りに来たという逸話がある。その由縁でここには赤穂四十七士像が安置されている。また、毎月第三日曜は「写経会」が開かれ、10時〜12時30分に、お勤め、写経（墨と筆による写経）、法話が体験でき、精進料理（２０００円）が味わえる。

家康を呪い、豊臣家を滅亡させた梵鐘と大仏

【方広寺】

関白豊臣秀吉はその権力を誇示するかのように、大仏建立に着手するが、大仏は〝造っては壊れる〟を繰り返し、梵鐘に刻まれた銘文は、家康を激怒させた。

◆地震、落雷、火災…不運を背負った京の大仏

東山・阿弥陀ヶ峰に眠る豊臣秀吉は、天正13（1585）年7月、関白となり、翌年、方広寺を創建した。当時の境内は京都国立博物館の敷地におよぶほど広大で、かつてここに巨大な大仏殿があり、奈良・東大寺の大仏より大きな大仏が安置されていたことを知る人は、歴史好きを除いて多くはいないだろう。

秀吉は天正16（1588）年、荒廃していた方広寺の再興と、大仏の建立を思いつく。建立に携わった人数は延べ6万人余り、8年の歳月をかけて、文禄4

（1595）年に完成した。西方を向いた大仏殿は高さ約50メートル、内部に高さ約19メートルの、漆を塗り金箔を施した大仏が鎮座していた。

しかし、この大仏は不運に見舞われつづけた。まず慶長元（1596）年閏7月23日、畿内大地震により倒壊した。秀吉もまた2年後の8月、この世を去る。残された淀殿・秀頼親子は大仏再建に執念を見せたが、この再建大仏は、慶長7（1602）年12月4日、鋳造中に出火して焼失した。三度目の大仏は慶長19（1614）年11月に完成するものの、寛文2（1662）年3月、再び地震により大破した。

これに飽きたらず四度目の建立もあったが、今度は落雷に遭った。寛政10（1798）年のことで、その後寄進による半身の大仏が安置されたが、昭和48（1973）年の火災で、ついに京都から大仏は姿を消した。

◆梵鐘の銘文が決した豊臣家と徳川家の命運

大仏は不幸にも姿を消したが、方広寺には今も豊臣家ゆかりの梵鐘が残っている。この大鐘は鋳造時の姿をとどめ、重量82・7トン、高さは4・2メートルある。大仏再興の慶長19年に鋳造されたもので、豊臣家重臣の片桐且元(かたぎりかつもと)が鋳造の総奉行を務めた。

梵鐘の表側胴回りには、「洛陽東麓」で始まる銘文が刻まれている。その最後の方に「国家安康…君臣豊楽」の銘文が見える。この一文が家康を怒らせる大問題へと発展した。この鐘銘を書いた人物は、東福寺塔頭天得院の文英清韓（１５６８～１６２１）である。あろうことか、清韓は、家康の信任厚かった津藩主・藤堂高虎（１５５６～１６３０）にゆかりある人物だった。

方広寺の梵鐘

慶長19年（１６１４）７月26日、先の一文が家康を呪うものだと家康側から横槍が入った。すぐさま且元と清韓は駿府へ赴き家康に詫びるが許されず、家康はこれをネタに「大坂冬の陣」を仕掛け、翌慶長20（１６１５）年5月「大坂夏の陣」で豊臣家は滅びた。淀殿49歳、秀頼23歳の若さだった。方広寺は今も東山にあるが、この寺が豊臣、徳川の命運を変えた寺だと気づく人は少ない。

清水の舞台「飛び落ち事件」と観音信仰【清水寺】

きょうも大勢の参拝者で混雑する清水の舞台。ここに来るといつも晴れやかな気分になる。しかし、かつてこの舞台から「飛び落ち事件」があったこと、ご存知でしょうか？

◆国宝清水の舞台と補陀落浄土への往生欣求(ごんぐ)

清水寺の本堂（観音聖堂）である「清水の舞台」（国宝）に立った人は数知れず。京都に来たら一度は舞台に立ち、〝初舞台〟を踏みたいと願わない人はいないだろう。現在の舞台は、寛永10（１６３３）年の再建といわれ、高さは13メートルある。床に敷き詰められているケヤキの板は４１６枚、厚さは約10センチある。南面して開けており、舞台の床は東西が約18メートル、南北は約10メートル、面積およそ１９０平方メートル。堅牢なケヤキの束柱(つかばしら)78本が支えている。束柱には貫が縦横に通してあり、貫穴にはくさびが打ち込まれている。釘は1本も使っていない。

眼下に三筋の樋から湧水を落とす音羽の滝が見え、春秋の桜と紅葉が美しい錦雲渓を望める。右手方向には京都市街も煙るように見える。この清水の舞台から飛び下りる覚悟で……と、使われる言葉は、決死の覚悟、または非常の決意を意味するが、じつは本当に舞台から飛び落ちた人々がいたのだ。

◆観音信仰への心願をたて、舞台から飛び下りた人々

清水寺に伝わる江戸時代の『(成就院)御日記』には、「飛び落ち事件」が記録されており、それにふれたガイドブック『清水寺』によれば、次のようにある。

元禄9(1696)年1月、男、16~17歳。この人は願掛け(立願)で飛び落ち、生存。同2月、男、32~35歳。この男性は死亡。同6月、男、44~45歳。この男性も立願、死亡。などと記されている。

元禄期から文政、天保期の資料には、男女を問わず飛び落ちている。なかには10代、20代の若い人たちがいる。彼らの職業は、奉公人、手代、下男、町家の娘、

医者見習い、寄宿人など。その多くは、観世音菩薩の聖地、補陀落浄土への往生を願う人々だが、なかには母の病気を治したい一心で飛び下りた娘もいる。

また、江戸時代には芝居の当たり狂言でも舞台からの飛び落ちが演じられ、観音様への心願をたてて、飛び落ちる人が続出したという。しかし何の力が働くのか、奇跡ともいうべき生存者もいたことが記録に見える。

こうした飛び落ち行為は、立願とはいえ自殺行為に等しく、京都府は舞台からの飛び落ちを禁止するために、明治５（１８７２）年に、「飛び下り禁止令」を出している。人の命こそ尊ぶべきであるが、舞台からの飛び落ち事件は、永らくつづいてきたのである。

清水寺本堂（舞台）は現在改修工事中だが、参拝はできる。

31

霊屋の北政所が見つめる先にあるものは？

【高台寺】

滋賀・長浜城の城主になって以来、夫秀吉の出世、天下取りを陰日向で支えてきた賢夫人・北政所おね。霊屋で安らかに、と言いたいが、やはり気になるのは夫のことかしら……。

◆わたしのこと、お行儀が悪いなんて、言わないで！

高台寺（こうだいじ）は、観光の人力車が走る「ねねの道」の東側にある。臨済宗建仁寺派の禅寺で、豊臣秀吉の正室、北政所（きたのまんどころ）（おね）が、生母、養父母、夫秀吉の菩提を弔うために開創した寺である。ちなみに、北政所とは、摂政、関白の正妻の敬称。北政所は、この寺に慶長10（1605）年6月に移り住み、寛永元（1624）年9月6日、76歳で亡くなった。法号は、「高台院殿湖月大禅定尼（こうだいいんでんこげつだいぜんじょうに）」。

持仏堂である開山堂から臥龍廊（がりゅうろう）（ここは立入禁止）が霊屋（おたまや）へと延びている。

霊屋は少し高台にあり、高台院おねが、夫秀吉とともに祀られている。中には、右側に秀吉、左側に法体姿の高台院おねの木像が安置されている。仲の良い二人だが、注目したいのは高台院おねの木像。

「あら、お行儀の悪い」とつぶやきそうな人も。あの高台院ともあろうお方が、右膝を立てているのだ。右膝でも悪いのかしら…。そんなことはない。この立て膝姿は、当時の女性の正式の座り方で、「胡跪」と呼ばれているもの。関白・太閤の正室として、毅然とした姿なのである。高台院木像の下は、墓所になっている。

◆太閤は今夜もまた……。心配の種は尽きない

霊屋では、二人の木像のほかに、見るべきは須弥壇と厨子に施された蒔絵である。桃山時代の華やかさを見せており、とくに高台寺蒔絵と呼ばれる。黒漆の背景に金粉を蒔いて文様を浮かび上がらせる平蒔絵の技法が用いられている。螺鈿などは使われていない。平蒔絵とは、漆で文様を描いた上に、金銀粉などを蒔きつけて、表面を平らに仕上げる技法をいう。文様は秀吉、おねの像が収まる厨子

の扉に「秋草文様」の薄（すすき）、また松竹の文様などが見られる。

さて、霊屋を離れる前に、もう一度高台院おねの木像をよく見ることにしよう。穏やかそうな目が何かを見つめているような……、あるいは何かを見守っているような……。その目は南の方向を向いている。どうやら東山の一峰、阿弥陀ヶ峰を見つめているようだ。阿弥陀ヶ峰といえば、方広寺の近く、夫秀吉の廟がある場所である。

人たらし、と評判の秀吉、側室も両手に余るほどお抱えになっていたそうだが、高台院おねは死してなお秀吉を慈しみ、かつ叱咤するごとく、故郷・尾張訛りで「おみゃあさん」と、声を掛けているようにも見える。

東福寺の大伽藍と焼け残った大仏の左手

【東福寺】

京都で大仏といえば、方広寺大仏が思いうかぶが、東福寺にも明治まで大仏が存在した。残念ながら火災に遭い焼失したが、大仏の左手は奇跡的に焼け残った。

◆奈良の東大寺と興福寺を目標に創建された東福寺と大仏

東福寺は、一つ一つの伽藍が大きく、空を見上げるようにして伽藍をめぐる。南側の勅使門から三門、仏殿（本堂）、方丈と、北に向かって伽藍が直線上に並んでいる。これは禅宗寺院の特徴で、南禅寺、建仁寺、相国寺などにも共通して見られる伽藍配置である。

創建にあたり、「洪基（こうき）を東大に亜（つ）ぎ、盛業を興福に取る」という理念があった。これは、大いなる礎と隆盛を奈良の東大寺と興福寺に範としたもので、そこから

「東」と「福」の1字ずつを取り、東福寺という寺名になっている。伽藍の建立は、嘉禎2（1236）年に始まった。当時の関白・九条道家（1193～1252）は、伽藍の建立にさいし、東大寺の大仏を念頭に描いた。

「あのような大きな仏像もできないものか……」と。果たして、関白の力が働いたのか、東福寺大仏の造営が決定した。寛元元（1243）年頃のことである。同年6月13日、鎌倉の大仏の開眼供養が行われている。奇しくも京都と鎌倉で、相次いで大仏の建立が行われていたことになる。

◆奇跡的に焼け残った左手は大仏存在の生き証人

東福寺に大仏が存在した、という歴史は、仏殿（本堂）に残されている。仏殿の二層になった屋根と屋根との間に扁額が見える。そこには、「毘盧寶殿」と記されている。つまり、毘盧舎那仏（または盧舎那仏）の建物を表しており、ここに大仏が鎮座していたことをうかがわせるものである。窺わせる、と書いたが、現在、大仏の姿は見られない。残念ながら、東福寺大仏は焼失したのである。

東福寺は創建以来、火災に遭わない寺として聞こえてきたが、明治14（188

1）年12月16日、20時30分頃、仏殿と法堂が火災に遭った。その火災で大仏も被害に遭い、焼失した。しかし、奇跡的にも巨大な左手だけは救い出されたのだ。この手の大きさは、ほぼ2メートルといい、仏殿の厨子に大切に納められている。その大きさから推定すると、東福寺大仏は高さ約15メートルの木造大仏だったといわれる。ちなみに、東大寺大仏が高さ約15メートル、鎌倉大仏が高さ約13・35メートルであるから、東福寺大仏は他の大仏と比較しても遜色ない大きさだったようだ。

現在の本堂仏殿（法堂を兼ねる）は、昭和9（1934）年に再建された。高さ25・5メートル、間口41・4メートルと巨大な建物で、今は本尊として釈迦三尊像が祀られている。

本能寺の火難と、消えた織田信長の遺骸

【本能寺】

信長に油断あり。明智光秀の軍勢1万3000が本能寺を取り囲み、襲撃した。人間50年、信長は炎上する本能寺で何を思ったか。一言でいえば、それは……無念……だったか。

◆天下取り目前の織田信長、本能寺に倒れる！

明智光秀が本能寺に宿泊していた織田信長を急襲した「本能寺の変」は、天正10（1582）年6月2日早暁の事変である。光秀はなぜ信長を襲ったのか。歴史家はいろいろと謎解きをしているが、この事変は本能寺が繰り返した火難の一つだった。もし、信長が本能寺につきまとう火難を知っていたら、宿泊しなかったのではないか。目前に天下取りが迫っていたときであり、身辺の守りは万全にすべきで、細心の注意を払う必要があった。

本能寺は現在、寺町通御池下ルに総門を構える。が、信長が襲われたときは、六角通と西洞院通が交差するあたりから油小路通錦小路付近におよぶ広大な寺域を持ち、信長はその客殿に宿泊していたのではないか、といわれる。ここで信長は最期を迎えるのだが、本能寺の変による炎上は、本能寺にとって四度目の火難でもあった。

本能寺は応永22（1415）年、油小路高辻と五条坊門との間に創建された。当時は本応寺と称していた。創建から3年後、応永25（1418）年、初めての火災に遭う。この後、10年あまりで再建されたが、また不幸が重なり、永享5（1433）年には三度目の建立を試みている。このとき、本能寺と改めている。

この寺名の改称について、少し触れておこう。本応寺とは「本門八品相応能弘之寺」という長い名前から三文字を抜き出して付けたものである。しかしその後、一般に宗派の法華宗を広く知らしめるべくまた一段と長い寺名に改めた。それは「大日本國平城像門再興本勝迹劣本門八品能弘之大霊場」というものであったが、これではやはり長すぎるのではないかということで、また三文字を抜き出して「本能寺」としたのである。

◆本能寺のこれも歴史、平均75年に一度の火難

しばらく安泰の日々を過ごした本能寺だったが、天文5（1536）年、比叡山延暦寺との教義論争に巻き込まれ、伽藍はまた壊されてしまう。そして、天文14（1545）年、四度目の復興、再建が行われる。しかし、これでも本能寺の波瀾は収まらない。ついに1582年6月2日を迎えるのである。本能寺にとって四度目の火難である。

いったい、いつまで焼失と再建を繰り返すのだろうか。本能寺にとっては切実な問題である。本能寺の変が起きた年の秋、本能寺は再建に着手する。境内地は、豊臣秀吉の都市計画により、現在地の寺町通に移る。何とかこれで落ち着くだろう、と思われたが、天明、元治の大火が襲い、五度目、六度目の炎上となってしまった。本能寺の資料によると、平均75年に一度の割合で焼失しているという。その原因はどこにあるのか。本能寺も考えた。そして、寺名の「能」の字のツクリにあると結論づけた。〝ヒ〟を重ねると書くではないか。そこで本能寺では、「ヒが去ル」と、ツクリを変え本䏻寺としている。これでどうやら火難は去った

ようである。

◆阿弥陀寺住職清玉上人が持ち去った信長の遺骸

ところで、信長は燃え盛る中、割腹しどこかへ消えた、と、謎めいた話が伝わっている。信長の墓とされるものは各地にあるが、寺町通今出川上ルの蓮台山阿弥陀寺にある信長の墓にお参りしたおり、興味深い話を耳にした。それは、この寺の清玉上人が本能寺の変を聞きつけるとすぐに、塔頭の僧二十人ほどを引き連れて本能寺へ向かい、信長をはじめ家臣たちの遺骸を法衣に包み、本能寺から持ち去り、埋葬したというのだ。

持ち去るのは容易ではなかったと思われる。が、清玉上人は巧みに明智の軍勢を欺いて逃げたという。また本能寺には近くにあった南蛮寺への抜け穴があり、そこを通って逃げたという話もある。当時、阿弥陀寺は船岡山の西の蓮台野にあったというから、逃げるにしても相当の距離がある。とまれ、信長は遺骸を敵の目にさらすことなく、阿弥陀寺に埋葬されたことになる。阿弥陀寺には、信長と嫡男信忠の木像のほか、墓地には信長、信忠親子と、清玉上人の墓がある。

34

「京の世継さん」と長宗我部盛親の墓

【五条寺町】

五条通から六条通にかけて、富小路通沿いには小さいながらも見るべき寺がポツポツと顔を見せる。山門を開けていれば、ヒョイとのぞいてみるべし、なのだ。意外なサプライズが待っている。

◆大切な世継ぎを安産で授かるお祈り「数とり竹」

京都には寺名とは別に、通称（とおりな）で呼ばれる寺が八十余ある。その一つが五条下ル本塩竈町（もとしおがまちょう）にある上徳寺（じょうとくじ）で、南北に走る富小路通沿いに山門が開いている。周辺には六条通にかけて小さな寺が点在。「五条寺町」と総称される界隈である。

塩竈山（えんそうざん）上徳寺は、「京のよつぎさん」の通称がある。よだれ掛け絵馬が重なるように奉納された地蔵堂には、世継地蔵が祀られている。このお地蔵様は、享保年間（1720年頃）に、住僧玄誉岩超の夜中の勤行中に現れて、「子なきものには、子を授け、子孫相続し、その家の血縁絶えやらず……」と告げたという。以来、「良い世継ぎが授かり、その子が安産でありますように」と、参拝者は絶えない。

お参りの人たちは、「良い世継ぎが授かりますように」と念じ、お堂に置いてある〝数とり竹〟（竹べら）を吉数または歳の数だけ持って、その数だけお堂を右に回る。一回まわるごとに、お堂の正面でお祈りする。はたしてお地蔵様の霊験はどうであろうか。上徳寺では毎月「功徳日」があるが、2月8日の功徳日は大祭が営まれて、粕汁の接待が行われ、境内に「多幸焼（たこ焼）」店が出る。

◆徳川家康の思い入れと側室阿茶局ゆかりの寺

上徳寺は、慶長8（1603）年、徳川家康が建立し、開基は上徳院殿。上徳院殿とは、家康の側室、阿茶局（あちゃのつぼね）（1554～1637）のこと。この女性は、家康に重用され、大坂冬の陣では、豊臣方との交渉役を担当した。また、二代将軍秀忠の娘和子（まさこ）が入内するとき、母代わりを務めた。墓地には、阿茶局の墓もある。

最後にふれておきたいのは、山号のことである。塩竈（えんそう、しおがま）とは、この地が従一位左大臣 源 融（嵯峨天皇の皇子）の河原院の跡地と伝えられ、源融が庭に池を掘って潮を入れ、陸奥塩竈の千賀の浦の風景を模して塩焼きの煙をめでたことに由来する。

◆1体の如来が自ら2体に分身した負別如来

上徳寺から徒歩でわずか、南に下ると左手に、慎ましやかに山門を見せるのが蓮光寺。山号は負別山。浄土宗の寺である。天明の大火（1788年）、蛤御門の変（1864年）で焼失し、明治に再建。その後、昭和58（1983）年に建て直している。

本尊は「負別如来」という阿弥陀如来。この仏像は、蓮光寺のほかにもう1体、「笈分如来」の名前で仙台市に存在するという。どうして2カ所にあるのか。そのわけは、仏像を彫った安阿弥のもとに覚明という僧が、その仏像を譲ってほしいと訪ねてきた。懇願されてやむなく安阿弥は覚明に譲るが、やはり諦めきれず、謝って返してもらう。が、ここで不思議なことが起こった。1体の仏像が2体に分身したというのだ。これが、負別如来の由来である。

◆四国土佐の雄、長宗我部元親の息子盛親の墓

本堂の裏手に墓地がある。墓地に入って左手奥、長宗我部盛親（1575〜1615）の墓がある。盛親は、山内一豊が入封するまで、土佐の領主であった長曾我部元親の四男。今、元親は高知で人気が再燃し、今で言えばイケメンとかで、歴史好きの〝戦国女子〟が押し寄せている。しかし、四国から遠く離れた京都に、なぜ、長曾我部家の四男、盛親の墓があるのか。

盛親は関ヶ原の合戦の後、豊臣家に味方し、大坂夏の陣に参戦。敗戦の憂き目に遭い、六条河原の刑場で斬首された。盛親は、当山の蓮光上人と親交があり、斬首された後、その首級は上人が預かり、蓮光寺に埋葬されたという。

六条河原の刑場といえば、境内には、刑場から発見された石仏「駒止地蔵」も祀られている。これには、鴨川の氾濫のさい、平清盛の馬を繋ぎ止めたという逸話が残っている。

〝京のよつぎさん〟上徳寺の地蔵堂。

連光寺の墓地に立つ長宗我部盛親の墓

35

美少年世阿弥を見初めた足利三代将軍義満【新熊野神社】

閑寂とした境内に後白河法皇お手植えの大樟が不老長寿の伝説の主のようにそびえ立つ。これを見るだけでも価値がある。境内はまた、観阿弥・世阿弥父子による能楽発祥の地でもある。

◆「新熊野」と書いて〝いまくまの〟と読ませる理由とは？

新熊野（いまくまの）神社の鳥居を入り、すぐに上空を見上げると、大木の枝が空を隠すように張り出している。それも天高くに。あたり一面が緑陰に包まれている。いったい、この怪物のような大木は……。口あんぐりとして、立ちすくんでしまう。社務所の縁側に腰を下ろして正面に大木を見ると、注連縄（しめなわ）をつけている。新熊野（いまくまの）神社では、「影向（ようごう）の大樟（おおくすのき）」と名付けている。影向とは、神仏の出現を意味する。この大木は樟大権現とも呼ばれ、樹齢はおよそ850年以上、900年とも推定さ

れている。後白河法皇のお手植えの樟という。

後白河法皇は、神社創建のおり、この樟を熊野から運び、ここに植えたと伝わる。生涯34回の熊野詣でに出かけた法皇は、京の地に熊野信仰の神社をよほど勧請したかったとみえ、ご自分の御所「法住寺殿」（106ページ参照）の鎮守社として、この神社を建立。これで、京都にも熊野信仰の場所ができた、と法皇は思われたか。紀州の熊野を古く、昔の熊野とする考えに対し、この神社は京の新しい熊野、今の熊野とすることになり、「新」の字を当て〝いま〟と読ませる由来となっている。ただし、地名は〝今熊野〟と書く。

◆樹齢850年？　900年？　平安時代から生きている大樟

大樟は毅然として立ち尽くす姿から長寿、病魔退散に御利益がある、と伝承される。ご利益のなかで、とくに知られているのは、お腹の神様としての信仰である。お腹の神様となった理由は、確かな答えはない。民間信仰ですから、と神社では言う。後白河法皇がお腹が弱かったといわれ、この樟にお腹の改善を託した、また樟が防虫効果のある樟脳の原料になることから、お腹の虫を退散させると考えられるようになったなどが挙げられる。そもそもは、安産にご利益があり、それが妊婦のお腹の神様となったとする説もある。

大樟に願をかける人は、この大木に抱きつくか、木と自分のお腹をさする、という方法の2パターンがある。抱えるといっても幹に手が回せるわけではない。大樟と体を接するといったほうが正確だろう。社務所では、お腹のお守りを授与している。

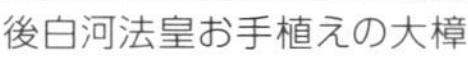
後白河法皇お手植えの大樟

◆足利義満が目を奪われた少年世阿弥の舞姿

能楽発祥の地を示す碑

応安7（1374）年、足利三代将軍義満がこの神社を訪れている。義満もまた、熊野信仰に篤い人物でもある。大昔のことながら、あの金閣寺の義満もここに来たのか、と思い境内を見渡すと、幾分の感慨がなくもない。義満はそのとき、ある父子の演能を見物した。境内を舞台にして、大和猿楽の一つ、「結崎座」の役者、観阿弥（1333〜1384）が猿楽を舞っていた。猿楽とは、中国・唐から輸入した散楽から発達したもので、平安時代には猿楽と呼ばれていた。当初は社寺を舞台にした神事の要素が濃いものだったが、次第に芸能色が強まった。

　義満は、観阿弥の舞よりも、まだ10歳を超えたばかりの鬼夜叉（または藤若）と呼ばれる美童に釘付けとなった。鬼夜叉はのちの世阿弥（1363〜1443）である。世阿弥は物まねや言葉芸が中心だった猿楽に、旋律に富んだ白拍子の舞や、曲舞などを取り入れて、猿楽能に高め、発展させた。世阿弥の舞は優美さに特徴があったという。現代の能楽の礎を築いた役者である。

世阿弥とは「世阿弥陀仏」を略した芸名といわれるが、若い頃は足利将軍家の庇護もあり、京都で舞台を重ねた。応永15（1408）年、義満が没すると、やがて将軍義教の代に世阿弥は圧力を受けはじめ、不遇にも佐渡へ流され、その後の動静は判然としない。

新熊野神社境内には、「能楽発祥の地」碑がある。義満が見物した鬼夜叉の舞はどんな舞だったのだろうか。

「新選組」屯所の壬生と無言の狂言

【壬生寺】

壬生は新選組の屯所があった地。休日はザワザワと新選組のファンが歩いている。屯所だった八木邸、屯所餅が名物の和菓子店があり、春秋には壬生寺で開かれる「壬生狂言」に大勢の人が集まる。

◆新選組屯所「八木邸」の鴨居に残る芹沢鴨暗殺の刀傷

徳川十四代将軍家茂（いえもち）の上洛にあたり、その警護と、京都の治安維持のために集まった「浪士組」２３０名余が、京都の外れの壬生（みぶ）村に入ったのは、文久３（１８６３）年2月23日のことである。壬生では、人数が多かったために分宿し、京都での初日の夜を迎えた。しかし、浪士組募集の発案者清河八郎（庄内藩尊王派志士）は、浪士組の本部が置かれた新徳禅寺で、募集の真意を告げた。それは「尊王討幕」を旨とする内容で、浪士たちの聞かされていた任務とは、正反対だった。むろんこれに反対の声が上がったのはいうまでもない。のちに、新選組の中枢を担う近藤勇、土方歳三、沖田総司らも清河に異論を唱えた。この夜の意見衝突は、浪士組の前途多難を暗示する出来事であった。

京都に残留を決めた二十人余は、京都守護職松平容保（かたもり）（1836〜1893）率いる会津藩の預りとなり、長州による同年8月18日の政変での働きが認められ、「新選組」の名が与えられることになる。新選組はこのときから京都市中を奔走し、倒幕に走る志士たちとの激突が繰り返される。隊員たちが寝食を共にする屯所（とんしょ）は、八木邸（八木源之丞宅）に置かれた。現在、瓦葺の長屋門と母屋が残る八木邸は一般公開されている。建物は、文化年間（1804〜18）の築造。ここでは、新選組初代筆頭局長芹沢鴨（せりざわかも）が、その乱行のゆえ、泥酔して寝入っているところを隊士により（土方らの仕業か）惨殺された（文久3年9月）。邸内一番奥の座敷の鴨居に、そのときの刀痕が生々しく残っている。

八木邸と向き合うように、刻んだ壬生菜（みぶな）入りの屯所餅が名物の「京都鶴屋鶴寿庵（かくじゅあん）」がある。店では屯所餅と抹茶で一服できる。

すぐ近くに、隊員が増えて八木邸が手狭になり、もう一カ所、屯所を置いた旧前川邸（前川荘司邸。特別公開がある）、南へ数分歩くと、左手に先ほどの新徳禅寺がある。この寺は拝観できないので、山門から見る程度。

◆壬生寺に伝わる無言仮面劇の「壬生狂言」

新徳禅寺からすぐ右手に壬生寺がある。延命地蔵菩薩を本尊に祀る古寺で、境内に近藤勇の胸像、芹沢鴨、平山五郎の墓があり、新選組ファンが訪れている。が、この寺の名を知らしめているのは壬生狂言だ。節分の2日間、春（4月29日～5月5日）、秋（10月、体育の日を含む3日間・春秋は有料）に公開している。

春の狂言は、「壬生大念佛会」といわれ、壬生寺の年中行事の法要である。期間中は朝、昼、夜と勤行が行われるが、このうち昼の勤行として、本尊の延命地蔵菩薩に狂言が奉納される。

壬生寺でなぜ狂言が行われているのだろう。起源は今から７００年ほど時代をさかのぼる。正安（しょうあん）２（１３００）年3月24日、京都に疫病が流行（はや）っていたとき、壬生寺の中興の祖・円覚（えんがく）上人は、疫病の蔓延を封じるために、鎮花（はなしずめ）の法会を開いた。この法会は、落花の時期に疫病が流行るという言い伝えがあったことから、陰暦3月、桜の花が散るのを慰めて、疫病の退散を願い、仏の威力に助けを求めたのである。円覚上人が、それをパフォーマンスで分かりやすく見せたのが、壬生狂言の始まりといわれる。

◆お囃子の鉦、太鼓、笛がガンデンデンと響く狂言の舞台

壬生狂言は、鉦（かね）、太鼓、笛の囃子に合わせ、仮面を付けた演者が無言で演じるのが特徴で、無言劇にガンデンデンと鳴り物が聞こえるため、「壬生さんのガンデンデン」と、親しみを込めていうこともある。演目は全部で30番まであり、境内の大念仏堂（通称、狂言堂）で、13時～17時30分までに、5演目が演じられる。春の大念佛会では、毎日、最初に2月節分に奉納された〝炮烙（ほうろく）〟（素焼きの平たい土鍋）が舞台から落とされる炮烙割りがあり、壬生寺独特の厄払いが行われる。その後、4演目が上演される。1演目は平均約40分～50分。

壬生狂言では、最終日は「結願式」があり、「棒振り」という演目が演じられる。これは、鬼に扮した役者が棒を振って厄を払うもので、鬼はかつて流行した疫病とされ、疫病退散の鎮花法会を偲ばせるものである。

37

よ〜く見てご覧！護王神社を守る狛イノシシ

平安京の造営の功労者、和気清麻呂（正一位護王大明神）を祀る護王神社。神社にはイノシシのコレクションがあり、イノシシとは切っても切れない、なにやら深〜いご縁がありそうだ。

◆見た瞬間思わず微笑んでしまう雌雄の狛イノシシ像

護王神社に立ち寄る参拝者が増加している。境内におもしろい、いやユニークなものがあるのだ。それは……。まず場所を案内しておこう。京都御所の蛤御門（52ページ参照）から南に下った、烏丸通に面して鎮座している。で、ユニークなものとは？　狛犬……ン？　犬じゃない。よく見るとイノシシではないか。拝殿の前に、雌雄一対の狛イノシシがどこかユーモラスに迎える。愛嬌がある。でも……、なぜイノシシなのだろう。その理由は、この神社の主祭神・和気清麻呂公命に由来する。

和気清麻呂（733～799）は、天平5年に現岡山県和気町に誕生した。平安京の造営にさいし、桓武天皇の信任厚く、山背国の地形調査を行った人物である。また、三条坊門南にあった日本初の私立学校「弘文院」を創設したことでも知られる。この人物がイノシシに助けられたという伝承がある。さてその経緯は……。

◆和気清麻呂を宇佐八幡宮へ導いたイノシシ伝説

奈良時代末期の神護景雲3（769）年、清麻呂が37歳の時、「道鏡事件」が起きる。この事件は、世に怪僧といわれた弓削道鏡が女帝孝謙天皇（重祚して称徳天皇）から深い信任を得て、太政大臣に昇り、ついには天皇の地位に就こうと策略した。それは、道鏡が九州の宇佐八幡宮に自らを皇位につけるよう御神託の奏上をさせたのだ。これに驚き、疑いを持った朝廷は、真偽を確かめるべく勅使として清麻呂を宇佐八幡宮に派遣した。

清麻呂は真実を探り、宇佐から戻ると、信託の嘘を報告し、道鏡の野望を打ち砕いたのである。しかし、道鏡の怒りは凄まじく、清麻呂は一説には足の腱を斬られ、大隅国（現鹿児島県）へ配流される。清麻呂がその途中、皇統守護の御礼に宇佐八幡宮へ向かうが、どこからともなく３００頭のイノシシが現れ、足が不自由だった清麻呂を守って、無事に八幡宮まで案内したという。この清麻呂を救ったイノシシの逸話がもとで、境内に狛イノシシがいるのだ。

◆自分の願い事を書いてイノシシに託す座立亥串

本殿の前には、招魂木（おがたまのき）がそびえている。その根元に願かけイノシシの石像があり、その周りに座立亥串（くらたていぐし）という願かけの竹串が隙間なく刺してある。これには四手（しで）（玉串などに垂れ下げるもの）と、イノシシの折り紙が付いており、自分の願い事と名前を書いた紙札を挟む。竹串は２本組で１本は家に持ち帰り、神棚または玄関などにご神徳が得られるように祀っておく。

神社では毎年11月１日、17時から「亥子祭（いのこさい）」が催される。この祭りは平安時代から伝わる優雅な亥の子餅搗（つ）き神事を再現したもの。この日、京都では、万病除け、厄除け、またイノシシが多産の動物であることにちなみ、子孫繁栄に亥の子餅を食べる習慣がある。

護王神社の社殿

参拝者を迎える狛イノシシ

38

黒衣の宰相以心崇伝と枯山水庭園

【南禅寺塔頭金地院】

徳川家康の信任厚く、金地院を開いた僧・以心崇伝。金地院には徳川二代、三代将軍の作事奉行として働いた粋人・小堀遠州作の庭がある。静寂につつまれ心と体をゆるりとさせてくれる古寺である。

◆徳川家康の懐刀、黒衣の宰相以心崇伝

南禅寺には塔頭寺院が十二カ寺ある。枯山水庭園を持つ金地院（こんちいん）は、その一つである。塔頭とは、本山の中にある子院をさし、亡き師（高僧など）の塔（墓、墓碑のこと）のそばに仕え守るといった意味がある。金地院は初め、室町幕府四代将軍足利義持（よしもち）の帰依（きえ）を受けて、北山の地に開創したが、慶長10（1605）年、南禅寺の住持となった以心崇伝（いしんすうでん）（1569〜1633）が現在地に移し、南禅寺の塔頭となった。

以心崇伝は、またの名を金地院崇伝ともいう。醍醐寺三宝院、相国寺に学び、元和5（1619）年、僧録司に任じられている。僧録司とは、室町前期に設けられた禅宗寺院を管理、統括する僧職のこと。崇伝が僧として権力の高みに就いたことになる。この権力の掌握と、徳川家康の重用によって、崇伝は「黒衣の宰相」と評された。墨染の僧衣を着た政治家といった意味だ。徳川家康との関わりでいえば、方広寺鐘銘事件（110ページ参照）の難癖をつけた張本人である。方広寺の梵鐘に刻まれた「国家安康」の銘文について、家康の名前を引き離すものだ、と家康に讒言。家康はこれに怒り、大坂冬の陣が起きたのは、ご存じの通り。

境内には、家康との親密さを窺わす、寛永5（1628）年に造営された東照宮がある。家康の遺髪と念持仏が納められている。拝殿、石の間、本殿は権現造り。拝殿の天井画・鳴龍は狩野探幽の作。

なお、京都の寺社で境内に東照宮が建立されているのは、伏見・御香宮神社にも見られる。家康が御香宮に神社本殿を寄進した経緯があり、東照宮が設けられているのだ。

◆小堀遠州作庭の枯山水「鶴亀の庭園」

徳川家との親密な関係は、家康から三代将軍家光へと継承され、慶長16（1611）年、家光から伏見城の一部を賜り、現在も方丈として残っている。方丈前には、晩年の崇伝も眺めたであろう枯山水「鶴亀の庭園」がある。方丈（居所）に南面して造られており、寛永7（1630）年の小堀遠州（こぼりえんしゅう）（1579～1647）の作庭。

鶴亀の庭園は、白砂が海のように広がり、正面に鶴島、その左手に石組みの亀島がある。この石組みと植え込みが遠州の見せどころだが、そのなかに枯れ木を思わせる白い木が立っている。これは「槇白（しんぱく）」という。少し難しくなるが、この枯れ木を見て、心の持ち方によっては新緑、また紅葉を思い描く楽しみを持て、ということらしい。方丈に腰を下ろして、読者の方の心眼は何を見られるだろうか。

ここで少し遠州にふれる。小堀遠州は、京都のお隣、近江出身の武人で、徳川二代、三代将軍に仕え、作事奉行、また伏見奉行も長く務めている。茶人、作庭

金地院の枯山水庭園

家としても知られ、京都では、御香宮神社の石庭、二条城二の丸庭園などを手がけている。なお、遠州の眠る墓は、大徳寺孤篷庵（こほうあん）、伏見の黄檗宗天王山仏国寺などにある。

鶴亀の庭園の西側には、「八窓席（はっそうせき）」という茶席がある。枯山水と同様に「遠州好み」といわれる茶席である。遠州の作風は「綺麗さび」といわれ、千利休のわび・さびとは、一線を画している。利休が好んだ「黒」に対し、遠州は「白」を好んだ。茶席に差し込む明かり取りに遠州の工夫が見られ、開放的で窮屈さがない。にじり口に外縁が設けられ、茶道口の高いのも、特徴に挙げられる。

禅寺の持つ〝禅風〟を表した「禅づら」って何？

京都の観光で「寺詣で」は必須の一つ。禅宗の寺を訪れるとき、お寺の特徴ともいうべき「禅づら」を知っていると、「うん、なるほど」と、お寺の雰囲気が分かりやすく、お坊さんの顔もいつもと違って見えてくる。

◆京都五山をはじめ禅寺の本山に付けられた「禅づら」とは

京都五山という言葉があるが、マウンテンの意味ではなく、禅宗寺院に対する格付けをいう。室町時代にさかのぼり、中国南宋の五山十刹（ござんじっさつ）に倣った言葉である。京都五山より早く、鎌倉五山が確立していたが、室町幕府は、次第に京都五山に重きを置くようになる。京都五山では、「五山之上」として別格に南禅寺を置き、第一位に天龍寺、第二位相国寺、第三位に建仁寺、第四位に東福寺、第五位に万寿寺と並べている。同じ臨済宗でありながら、大徳寺、妙心寺は入っていない。

禅寺の格付けとはいっても、室町幕府の政略的な思惑があったのではないか……と、思われる。そこで、南禅寺、相国寺、建仁寺、天龍寺、東福寺に大徳寺、妙心寺を加えた臨済トップの七カ寺に付けられた禅風の特徴「禅づら」を紹介しよう。〝づら〟は、面構えなどという面(つら)の意味である。

◆学問、茶、算盤…禅寺をズバリ言い当てた言葉

まず、南禅寺は「武家づら」という。南禅寺が武家の篤い帰依(きえ)を得て発展したのが、その根拠といわれる。現在、武家との関わりを示すものとして、南禅寺の巨大な三門は、三重の津藩主だった藤堂高虎の寄進であり、大方丈「昼の間」は、豊臣秀吉が建てた御所・清涼殿を賜ったものである。また、大方丈広縁の南側には、徳川作事奉行の小堀遠州作の枯山水庭園が見られる。

相国寺は「声明(しょうみょう)づら」という。禅宗の声明（166ページ）が音楽の歌謡の節のように美しいといわれる。現在、残念ながら一般参拝者はお坊さんたちの声明は聞くことはできない。

建仁寺は「学問づら」という。五山文学、詩文などに優れた禅僧を輩出したこ

とがその理由である。五山文学とは、13世紀後半から16世紀にかけて、禅僧に広まった漢文学をいう。七言詩、五言詩がもてはやされた。天龍寺も同じく学問づらである。

東福寺は「伽藍づら」という。119ページでもふれたが、三門はじめ、仏殿など伽藍の大きさが特徴である。

大徳寺は22の塔頭を数えるが、千利休が帰依し、利休には多くの大名が茶の湯を学んだことから、大名ゆかりの塔頭に茶室を持つところが多く、「茶づら」といわれる。現に茶席の数は30席近くある。

最後に妙心寺は、「算盤(そろばん)づら」という。妙心寺は節約に徹し、合理化した運営を徹底していることが特徴である。なお、五山の一つ万寿寺は、何か事情があるのか、応接がない。それぞれ特徴ある禅風、言い換えれば「本山風」となるが、同系の禅林とはいえ、禅寺の体臭が伝わってくる「面(つら)表現」ではある。

永観堂「みかえり阿弥陀」が語りかける言葉

【禅林寺】

みかえりの阿弥陀仏は、自然体で振り返られている。間近に見ると鼓動が聞こえるようであり、何よりも時間を忘れて心の会話ができる楽しみがある。

◆自らも行道せんと須弥壇から下りてきた阿弥陀仏

南禅寺から北へ、ミニ散歩におすすめが永観堂である。正式にいえば、「聖衆来迎山　無量寿院　禅林寺」という。従って禅林寺といえばよいのだが、通称の永観堂で呼ばれることが多い。では、なぜ永観堂と呼ばれるのか。この寺の第七世住持永観律師（1033～1111）の存在がある。（＊寺名はえいかん、律師はようかん、と読む）。

律師は「念仏宗永観」といわれ、1日六万遍の念仏行に打ち込んだ僧で、東大寺別当（寺務を統括する僧）を務めた高僧である。また、律師は窮乏の人たちを救うために、永観堂境内に「薬王院」という施療院を建て、薬食として梅の果実を施したことでも知られる。この永観律師に不思議な事が起きた。永保2（1082）年2月15日の明け方、冬寒に冷えた東大寺のお堂で行道（仏道の修行）していたとき、須弥壇に安置していた阿弥陀像が下りてきたのだ。そして、自ら律師を先導するように行道を始めた。これに驚いた律師が立ちすくんでいると、阿弥陀像は律師に対し、左を振り返りながら、「永観、おそし」と告げたのである。

◆みかえり阿弥陀の温厚な尊顔は思いやりと癒し

阿弥陀堂に安置されている阿弥陀如来立像は、確かに左を向いている。「みかえり阿弥陀」という。横向きの阿弥陀仏は珍しい。身丈77センチ、ヒノキ材の木像で、端正、穏やかな小顔が印象に残る。この仏のお顔を見つめていると、何かを語りかけてくるような〝空気感〟がある。永観堂にあった、現代に問うならばという文面には、

・愛や情けをかける姿勢

・思いやり深く周囲を見つめる姿勢
・遅れた者たちを待つ姿勢
などと書いてあった。
永観律師は、この阿弥陀像の衆生を救うことこそ本願、という声を聞かれ、東大寺別当の職を辞するとき、この仏像を東大寺から背負って京都へ。そのとき、東大寺の僧たちが取り戻そうと追いかけて来たが、阿弥陀像は永観の背中から離れなかったとの逸話がある。

みかえり阿弥陀如来
（総本山　禅林寺　蔵）

これを思うとき、みかえり阿弥陀は永観律師その人ではないか、という気がしてくる。律師が入定（にゅうじょう）されて900年余、今、律師の声が耳にとどく永観堂「みかえり阿弥陀」こそ、京都に来たら尊顔を拝したい仏像である。

「節分祭」でおばけも厄落とし!?

【吉田神社】

いつもは静かな吉田神社も節分の日は大変なにぎわい。旧暦では「年越し」の日でもあり、この日を過ぎると、京都にもポカポカの春がやって来る。

◆全国から八百万の神が集まっている大元宮

吉田神社は、京都大学の近く神楽岡の山麓に鎮座している。創建は貞観元（859）年、従三位中納言藤原山蔭（ふじわらのやまかげ）（824〜888）が、平安京の鎮守神として春日大社を勧請したのが始まりという。この神社には、「吉田神道」が伝わる。

吉田神道とは、亀の甲羅を焼いて吉凶を占う亀卜（きぼく）の家であり卜部（うらべ）氏と称していた社家の吉田家が確立させたといわれる神道で、室町時代に出た吉田兼倶（かねとも）（1435〜1511）は、祭事作法を占う才に優れ、吉田神道の大成者として知られる。

文明16（1484）年には、吉田神道の実践場として斎場所大元宮を建立。建物は八角形の本殿と六角形の後房を持ち、祭神に天神地祇八百万神が祀られている。大元宮の東西には、全国から集められた3132座もの神様が厳かに祀られている。この神様の数は、平安時代の『延喜式』にある「神名帳」に基いた数である。祭祀を司る神祇斎場として、このように多くの神様がいるのは、吉田神道の奇瑞を示すものである。そして、この大元宮での祭祀で最も重要とされるのが「節分祭」である。

◆追儺式と火炉祭がセットの節分祭

吉田神社の「節分祭」は、2月3日を挟んで3日間行われ、約50万の参詣人が本殿および大元宮周辺に繰り出すという。境内には露店が隙間なく並び、恵方巻きの露店も出店してにぎわっている。2月2日午前8時から前日祭。大元宮中門前で「疫神祭」が開かれる。これは、災いをもたらす疫神を鎮める行事。午後6時から「追儺式」。本宮において開かれる。別名「鬼やらい神事」という。鬼に扮した疫神を追い払い、今年1年の幸福をもたらすように願う。

節分当日の2月3日。午前8時に始まるが、この日の見どころは、午後11時の「火炉祭(かろさい)」。本社の三の鳥居前に、直径5メートル、高さ5メートルの八角柱型の火炉が設けられ、古い神札が燃やされる。火炉から炎が立ち上り、炎は参拝者に無病息災をもたらすといい伝わる。

ところで、参拝者のなかには、京都で「おばけ参り」という人たちがいる。おばけとは気味悪いが、たとえば、男なら女装、女なら男装の人を「おばけ」といっている。昔は「立春」で年が改まり、大晦日にあたる節分の日に仮装して社寺に参拝し、1年の厄を追い払う風習があった。戦後、この風習は廃れたが、今でもわずかながら残っている。吉田神社や壬生(みぶ)寺、伏見稲荷大社などで、ヒイラギの葉とイワシを吊るしたムシロを身に付けた人や、新選組に扮したおばけ行列が見られる。花街の芸妓さんたちが率先しておばけの風習を守っている。

◆大元宮「厄塚」で神々とコンタクトして健康祈願

節分期間中、大元宮正面に「厄塚(やくづか)」が立てられる。参拝すれば、疫神や鬼を払うことができるとされる。塚と社殿とをつなぐ注連縄(しめなわ)によって、大元宮に祀られた神々に願いが通じて無病息災に過ごせるというのだ。厄払いでは、家から持参した紙に名前と年齢を書き、賽銭と、節分につきものの豆をつつんでお参りする方法もある。

　吉田神社では厄除け守、開運守など特別な神札、神符が、節分期間中に授与される。神札、神符はすべて赤みを帯びた黄色、梔子(くちなし)色に染められている。梔子はその薬効成分（煎じて飲めば心臓によいとされる）により古くから〝魔除け〟のパワーがあると信じられてきた。神符を持ち帰り、玄関先などに置き、1年の無事安泰を願いたい。

金閣を見つめる「陸舟の松」と黒漆仕上げの銀閣

北山と東山を代表する古寺、金閣と銀閣。京都の寺社のなかでも人気双璧。足利義満と孫の義政の求めた「浄土の地」か、はたまた「隠棲の地」か、華やかさと地味さの対照を見せている。

◆金閣を映す鏡湖池は、義満描く浄土の世界

北山鹿苑寺、これが金閣寺の正しい呼び名である。金閣寺を建立した足利幕府三代将軍足利義満（１３５８～１４０８）の法号、「鹿苑院殿」から付けられている。義満はこの地に「極楽浄土」の出現を思い描くように、楼閣と苑池を整備した。それが金閣（舎利殿）とその前に水面を光らせる鏡湖池である。

金閣は三層の建物である。初層は寝殿造り「法水院」という。ここには義満像が安置されている。二層は武家造りの「潮音洞」、三層は禅宗仏殿造りの「究竟

頂（ちょう）」と呼ばれ、ここに仏舎利が納められている。ところで金閣の金色の輝きは、二層と三層に見られるが、初層にはない。池面によく金色を映すための工夫だろうか。この造りは義満が建立した当時のままに再現したもので、一層に金箔が貼ってない理由はよく分からない。

しかし、よく見ると、一層と二層の間に屋根がなく、縁がめぐらされている。縁には高欄が付けられている。これは、義満の視点に配慮した造りではないか、と思える。つまり、義満が縁を巡りながら金色の上層を見上げる仕掛けであり、また建物自体の軽快さを演出する意図があったのではないかと思う。

義満は金閣の東側、夜泊石（よどまりいし）のある船着き場から鏡湖池に舟を漕ぎ出し、金色に揺らめく池に浄土の世界を思い描いたともいわれる。その義満と金閣を慕うかのように、今にも帆を上げて船出しそうな松がある。方丈の北、書院との間に見える「陸舟（りくしゅう）の松」である。

◆金閣を見つつ樹齢を重ねる陸舟の松

陸舟の松は、義満が盆栽から育て、植栽した五葉松である。帆を満々と張っているように見える。樹齢は推定600年とされるが、正確なことは分からない。大原の宝泉院にある「近江富士」と呼ばれる松、洛西・善峯寺の「遊龍の松」と並び、〝京都三松〟に数えられている。

陸舟の松は、間近に見える金閣に向いている。つまり、西方向を見つめていることになり、西方浄土へ航海しようとしているのだ、といわれる。仮にそうだとすれば、浄土に生まれ変わることを願った、義満の息にふれた松は、青々として壮健に見え、義満の出港のドラを音を待ちつづけている姿に見えるといっては、言い過ぎだろうか。

◆銀閣は銀ではなく黒漆が施されていた！

東山慈照寺、これが銀閣寺の正しい呼び方である。建立したのは、足利義満の孫、足利八代将軍義政（1436〜1490）である。慈照寺とは、義政の法号「慈照院殿」から付けられている。銀閣（観音殿）は、金閣の三層楼に対して、二層の建物である。下層は書院造りの心空殿、上層は禅宗の仏殿様式の潮音閣という。こぢんまりしているが、宝形造りといわれる屋根に特徴がある。この造りは、屋根の四隅から伸び上がる棟が、頂上で一つにまとまっている造りをいう。屋根は柿葺、金銅製の鳳凰が載っている。

足利義政は、この東山の地に隠棲を考え、銀閣を建立した。が、金閣に対抗するように銀に輝かせようとしたのだろうか。

義政の本心は分からないが、銀閣の完成を見ずに亡くなってしまった。近年の修復工事で判明したが、銀閣は外部、内部ともに黒漆が施されていたことが分かった。これだけの建物に黒漆を使うとなれば、相当に多額の建築費が必要だったのではないか。

銀は塗られていなかった。要するに、派手さはなかったが、黒漆の重厚感はあったものと想像できる。ただし、銀閣の前にある砂盛の向月台、銀沙灘に月光が当たると、その月光が砂盛りに反射して、銀閣に差し込み、まさしく銀色に輝いた瞬間を見たことがある。見たといっても夜は境内に入れないので、某テレビ局の映像である。義政は侘び寂びの境地に生きた人物と思われるが、黒漆の方が本人の趣向に沿うものであり、贅沢品でもある黒漆を使ったことは、義政の真骨頂だったかもしれない。

43

赤山禅院「珠数供養」はなぜ〝数珠〟と書かないのか

「じゅず」は一般に「数珠」と書く。しかし、赤山禅院の「珠数供養」だけではなく、数珠を扱う店にも、珠数店とする店がある。これは決して誤字ではない。京都の奥深い歴史に潜むミステリーの一つである。

◆古い数珠をお焚き上げする珠数供養

京都御所から見て「北東」方向は、皇城守護の表鬼門（61ページ参照）にあたる。その表鬼門の位置に、比叡山延暦寺の塔頭赤山禅院（せきざんぜんいん）がある。この寺は、天台の荒行といわれる千日回峰行で「赤山苦行」が行われる寺である。千日回峰行は7年間をかけて行う。その6年目、比叡山での修行に加え、比叡山から雲母坂（きららざか）を下り赤山禅院にお参りし、ふたたび比叡山に上る往復の行程が加わるために、1日約60キロを踏破せねばならず、しかもこの修行が100日つづくので「赤山苦行」と呼ばれている。

横道にそれたが、赤山禅院では、11月23日「珠数供養」が行われる。不要になった数珠を護摩壇でお焚き上げする行事で、午前10時から始まる。境内は折しも紅葉の見頃を迎え、多くの参拝者でにぎわう。

お気づきの方もいると思うが、珠数供養は本来「数珠供養」と書くべきである。それではなぜ数珠とは書かず、珠数と逆に表記するのか。これから少し、そのワケを探る〝じゅずの旅〟に出たいと思う。

◆〝珠の数〟なのか、〝数の珠〟なのか、さてどっちだ？

実は京都では、ごく一般的に珠数の字を当て、数珠と書くのは皆無ではないが、少ないといわれる。そこで町名を調べていて見つけた。珠数屋町、上珠数屋町という町名があることが分かった。どこにあるのか。京都駅から近い東西本願寺の〝寺内町〟の正面通に面したところにある。おそらく本願寺に関わる数珠屋が集まっていた町だったのだろう。町名では「珠数屋」と〝珠〟の字が先にあり、ひょっとするとこれが一因かと、珠数卸組合に尋ねると、「そうやと思います」との返事。どうも今一つはっきりしない。次に東本願寺教学研究所に疑問を問うてみた。その答えは次の通り。

「文献では室町期の頃から〝珠数〟と書かれており、最初は珠数と記していたのではないかと思われます。珠数屋町は江戸時代に造られた町ですが、過去の言い伝えか、何か根拠があったのか。よく分かりません」とのことだった。

◆1連の数珠に連なる108玉は煩悩を顕す

数珠はもともと経文を唱えるとき、その回数を数えるためにあったといわれ、算盤のような道具だったのではないかとの説がある。日本での最初の文献記録は、天平19（747）年の「法隆寺伽藍縁起 并 流記資材帳」に記されており、「合白檀誦数弐列……」とある。白檀で作られた数珠が2連という意味だ。この場合、数珠でも珠数でもなく、誦数と書かれている。念のために法隆寺に問い合わせると、「おそらく〝じゅず〟と読むのでしょう」とのこと。この誦数が次第に珠数と書かれるようになったのではないかとも想像できるが、真相ははっきりしない。

最近は数珠ではなく、「念珠」という言葉を当てることが増えており、京都ではおみやげに求める人が多い。正式な念珠の玉数は１０８あるとされる。これは除夜の鐘にも通ずる１０８煩悩説によるものだ。この１０８玉を基本として、半分の54玉、そのまた半分の27玉、さらに１０８を最小に縮めた18玉の念珠がある。

１０８個の玉、これを主玉といい、房の付いている親玉につづくもので、親玉は釈迦如来、または阿弥陀如来を表している。主玉の間には、小さな玉が４個挟んである。これは四天王、つまり持国天（じこくてん）、増長天（ぞうちょうてん）、広目天（こうもくてん）、多聞天（たもんてん）を意味している。最後に、数珠の数え方は１連、２連と数える。人生の必需品だけに、１連は身近に持っていたいものだ。

大原・三千院を挟んで流れる呂律ゆかりの川

「布教音楽」とも称される美しい旋律の天台声明は、大原に集まった僧侶たちによって一大隆盛をみた。そこに発生した声明にまつわる言葉「呂律が回らない」の意味とは？

◆大原の山里によどみなく流れる声明

大原は若狭街道（国道367号）沿いに開けた山里である。紫蘇畑が広がり、京名産しば漬の里でもある。大原バス停から小さな流れを見せる呂川沿いに細い坂道を上り、魚山橋まで来ると、三千院の石垣が現れる。三千院は呂川と、北に同じく細流の小さな音を立てる律川に挟まれた高台に境内がある。

大原は平安時代初期、天台宗の僧、慈覚大師円仁（794〜864）が声明の修練場として開いた地で、当時から多くの僧が集まり、声明に励んでいたという。

声明とは経文に音曲をつけて歌唱するように唱えること。大原声明は、円仁の後、聖応大師良忍（1073〜1132）に受け継がれる。この頃、三千院はまだ存在せず、大原一帯は、上ノ院・来迎院、下ノ院・勝林院を中心に「魚山大原寺」と総称していたといわれ、声明の聖地として発展した。魚山とは、中国にある声明発祥の地をいう。

◆声明に源をもつ「呂律が回る」と「呂律が回らない」

時代は下り、鎌倉時代初期を迎えると、上ノ院に49坊、下ノ院に50坊あまりを数え、大原は隆盛を極める。前述の呂川、律川の川名は、声明を唱えるときの音律「呂曲と律曲」に由来しており、両曲の音階と旋律がうまく合わないことを、「呂律が回らない」という。三千院から来迎院へ向かう途中、呂川沿いの草むらに往時の坊舎の崩れた石垣が散見できる。文字通り、呂律がよどみなく流れ、声明盛んな頃の時代が、よみがえってくるようだ。

応永33（1426）年11月、大原を大火が襲った。猛火は48坊を焼き尽くした。そのとき、奇跡的にも火災を免れたのが、現在、三千院境内にある往生極楽院である。

建立は久安4（1148）年6月と伝わる。建立当時は大原声明が隆盛の頃で、声明流れる中に存在していたことを思うと、歴史的に貴重であり、不思議な感覚にもなる。建物は入母屋造り、柿葺（こけらぶき）の屋根をもつ。堂内には、中央に結跏趺坐（けっかふざ）した阿弥陀如来坐像、左右に勢至菩薩、観世音菩薩が安置されている。阿弥陀如来は相好円満な顔をしており、右の観世音菩薩は蓮台を持ち、左の勢至菩薩は合掌をしている。この阿弥陀三尊を見ていると、あたかも声明を唱えているように見え、耳を澄ましながら見入ってしまうのである。

春、菜の花が咲く大原の里

45

阿亀さんの「機転」と夫婦愛

【千本釈迦堂】

妻は夫を助ける！　妻の名前は阿亀。福々しいお顔と切れのある知恵の持ち主で、夫を絶望の底から救った話が伝わる。女は土壇場になると、めっぽう強いのである。でも……。

◆名匠にして柱の寸法を誤った棟梁高次の失態

千本釈迦堂（せんぼんしゃかどう）は、学問の神様・菅原道真を祀る北野天満宮の東側に位置する。千本釈迦堂は通称で、正しくは大報恩寺という。真言宗智山派に属す寺である。創建は鎌倉時代初めの安貞元（1227）年。境内に入って正面に国宝の釈迦堂（本堂）がある。この建物は、京都が灰燼に帰した応仁の大乱（27ページ参照）の戦火を奇跡的にも免れた、鎌倉期の建物として貴重な建造物である。さて、釈迦堂の建立には、ある夫婦の逸話が伝わる。釈迦堂の手前、右手にふくよかな顔立ちの「おかめ塚」がある。この方が逸話の主人公で、阿亀（おかめ）さんという。

阿亀は、釈迦堂建立の責任者で名匠の誉れ高い棟梁・高次の奥さん。高次は長井飛騨守高次といい、建立は順調にすすんでいた。そんな折、高次の顔が青ざめる出来事が起きた。なんと釈迦堂を支える四天柱の1本を、寸法を誤って短く切ってしまったのだ。柱を新しく調達することは簡単にはできない。さて、「吾（われ）としたことが……、どうすればいいか」。高次は悩みに悩んだ。

◆夫の苦悩を見かねた妻阿亀の起死回生の知恵

阿亀さんは、夫の苦悩する姿を間近に見つつ、見事なアイデアを思いついた。さっそく夫に話してみた。それは、短く切った柱を活かす逆転の発想だった。「あなた、他の3本の柱も同じように短く切って揃えたらどうでしょう。柱の上には、枡組を置けば見栄えもするでしょう」と、阿亀はアドバイス。女房阿亀の言葉に息を吹き返した高次は、枡組によって、見事に釈迦堂の完成をみたのである。高次は「阿亀、ありがとう」と、胸の中で呟いていたに違いない。

安貞元年12月26日、上棟式の日。晴れの日にもかかわらず、高次の目には涙がこぼれていた。この日を待たず、阿亀は自刃して果てた。なぜだ！……。理由は、「女の知恵によって夫が棟梁としての責任を果たしたとあれば、名匠の名を汚すでしょう」というものだった。阿亀は死んで夫の成功に感謝し、自らを仏身に捧げたのである。

阿亀塚

高次は阿亀の顔に似せた福面を彫り、扇御幣に飾りつけて、阿亀の冥福を祈った。現在、上棟式でお多福の面を付けた御幣が飾られるのは、この出来事に由来している。おかめ塚は建築の守り神として、大工さんたちの信仰が篤く、また夫婦円満を願う参拝者が手を合わせている。

一豊の妻・千代の霊屋を見守る小さな墓

【妙心寺塔頭大通院】

できた妻は夫を出世させる。山内一豊は妻千代の大きな支えがあってこそ、土佐一国の城主にまで出世を遂げた。その夫婦の陰に信頼厚い一人の家臣がいた。

◆山内一豊・千代夫妻の連携プレーに家臣孫作あり

妙心寺塔頭大通院(だいつういん)は、普段は拝観できないが、季節の特別拝観を行うので、そのときに訪ねたい。ちょうど本坊の北側にあり、この寺は山内一豊・千代の子、湘南国師が中興し、山内家の菩提寺になっている。山内一豊は、特別に大きな武功を上げた武将でもなかったが、関ヶ原合戦後は、土佐二十四万石の大名となった。これには、むろん本人の努力もあったが、妻千代の内助の功が大きい。

千代の内助の功といえば、金10枚を一豊に渡し、馬を買わせた話が有名だが、もう一つある。それが、「編笠の密書」である。歴史上「笠の緒の文」といわれるものだ。時はまさに関ヶ原合戦直前。石田三成らの動きを知らせるために、千代は東国にいた一豊に手紙をしたためた。その手紙は、山内家の家臣・田中孫作（滋賀県米原市に屋敷跡の碑がある）という者が、編笠のあご紐により込み、一豊にとどけたといわれる。

大坂方の動きに加え、文面の最後に、「家康様にお味方なさいませ。私のことは心配なさらずに……」と、添えてあった。孫作は、下野国（現栃木県）での軍議「小山評定」の場にいた一豊に、無事手渡した。一豊はこの密書の封も切らずに家康に渡したという。これが家康の胸襟を開き、合戦後の論功行賞につながったのである。

◆千代の死に殉じた？　孫作は、今も千代を見守る

大通院霊屋は、寛永10（1633）年、湘南国師が母千代の十七回忌に造ったお堂で、「見性閣」という。見性閣の名前は、千代の法号、見性院から付けられている。お堂の中には、無縫塔が二基並んでいる。右側が一豊、左側が千代のも

ので、二人仲睦まじく見えるが、無縫塔の大きさも、夫妻同等に見える。

立派な霊屋に隠れるように、霊屋よりやや下がった左手に小さな墓がポツンと立っている。田中孫作の名前が読み取れる。そこに命日が刻んであった。それには、「元和三年十二月四日」とあった。元和3年は1617年、12月4日は千代の命日と同年同月日である。孫作は千代があの世へ旅立ったのを見届けた後、自ら命を絶ったものと思われる。が、この説には異論もあるようだ。

千代の内助の功、それも孫作が無事に文をとどけていなければ…、と考えると、孫作もまた論功行賞の一人といえよう。なお、田中孫作には、もう一つエピソードがある。関ヶ原合戦において、西軍から東軍に寝返った小早川秀秋（201ページ参照）に対し、東軍に味方するよう説得した人物としても知られている。

石庭に配された「15個の石」の謎

【龍安寺】

龍安寺の読み方は「りょうあんじ」という。有名寺院にもかかわらず、「りゅうあんじ」という人が多い。まず寺名を正しく知ってから気韻にあふれる白砂と配石の「石庭」と向き合いたいものである。

◆白砂に配された15個の石は、一度に全部見えない

龍安寺石庭は、花の池とも称される鏡容池（きょうようち）を見ながら歩き、庫裏（くり）からすすむ方丈に南面してある。白砂にきれいに筋目が付けられ、あたかも大海にうねる波模様にも見える。この白砂の砂紋は、臨済禅の学僧が週に一度、竹箒で白砂を平らにならした後、東（方丈から見て左側）から後退りしながら引き、次列は西から引いていく。およそ40分間から1時間の作務になる。

方丈の広縁に座って眺める石庭は、東西の幅は25メートル、奥行きは10メート

ル、面積はおよそ75坪である。

白砂の庭には、15個の石が配されている。東側から5個、2個、3個、2個、3個と配石され、別名「七・五・三型の庭」といわれる。七・五・三という配列は、祝儀に用いるめでたい数といわれ、宴の席などにも本膳七菜、二の膳五菜、三の膳三菜を盛りつけた。また、男の子3歳と5歳、女の子3歳と7歳を祝い、氏神にお参りする「七五三」も、その一例である。

15個の石を配したこの庭は、本来は広縁ではなく方丈の内から眺めるものだという。しかしそれでは障子戸などに遮蔽されて見渡すことはできない。また、15個の石は、一度に15個を見ることはできず、一つか二つは視界から隠れてしまう。作庭者の意図することとなのか。全部の石が見えずとも、配石を海に浮かぶ島々と見るか、雲海に突き出た山塊の峰と見るか。それは自由であり、石庭と対峙する人それぞれの見方により、石庭も変化するのである。

◆謎解き「石庭の作者はいったい誰なのか?」

これだけ有名な石庭でありながら、作庭者は未だに不明である。これが龍安寺石庭の最大の謎とされる。いったい、誰がこの庭を造ったのか。開山の義天玄承なのか、創建した管領細川勝元も候補に挙がる。絵師であり、書画にも造詣が深い、足利将軍の同朋衆相阿弥説もある。

　石の一つ、左から二番目、油土塀の近く背の低い石の裏面に刻まれた「小太郎・□二郎」という名前の人物も浮上している。小太郎とは判読できるが、もう一人の「□」は長年の風雪に彫琢されて読めない。研究者のなかには「清」と読み取り、清二郎ではないか、と論じる人もいる。が、この二人が作庭者とすれば、それもおかしい。なぜなら、作庭者は一人であるのが一般的で、二人とは聞いたことがない、と主張する人もいる。では、この二人は……。石の提供者なのだろうか。謎解きもいいが、頭が混乱してきそうだ。ともかく現在までに、明確な答えはない。

　最後に、石庭の南側正面の土塀にも注目したい。土塀は白砂からの照り返しを防ぐために、菜種油を入れて練り上げた油土塀となっている。渋く見えるのはそのためだ。土塀の屋根は瓦葺のときもあったが、昭和52（1977）年から柿葺となった。油土塀は東側から西側へ向かうほど、その高さが低くなっている。これは、遠近法の原理を用いたもので、庭全体を広く見せるための工夫という。

石庭は今日も多くの人を迎え入れている。人は庭と向き合いながら、それぞれが言葉を交わしているように見える。果たして、石庭はなんと言葉を返しているのだろうか……。

石庭に降り注ぐかのようなしだれ桜

48

広隆寺に伝わる2体の弥勒菩薩像

国宝に指定されている2体の弥勒菩薩。微笑の中に思考する宝冠弥勒。愁いを秘めた中に思考する泣き弥勒。両弥勒菩薩には、人生の範とすべき思慮深い姿が見えてくる。

◆ダイエット弥勒というべきスリムで優美な宝冠弥勒

太秦(うずまさ)・広隆寺(こうりゅうじ)が創建されたのは、推古天皇11(603)年といわれ、京都では珍しい平安京時代以前に建立された古寺である。聖徳太子に縁があり、渡来人の秦河勝(はたのかわかつ)という人物が、太子より仏像を賜り、本尊として祀ったのが蜂岡寺(はちおかでら)といい、現在の広隆寺の前身と伝わる。蜂岡寺の本尊に祀られていたのが弥勒菩薩だという。弥勒菩薩とは、釈迦の入滅後、五十六億七千万年後に下生するとされる仏である。

広隆寺には、有名な2体の弥勒菩薩がある。1体は宝冠弥勒と通称される弥勒菩薩半跏思惟像（はんかしいぞう）。この弥勒菩薩こそ聖徳太子が河勝に与えた仏像といわれ、先に述べた蜂岡寺の本尊だった仏像である。飛鳥時代の作と伝わるが、制作地ははっきりせず、用材に赤松（赤松の一木造り）を使っており、一部に樟が使われているとの分析もある。優美かつ謎めいた微笑を浮かべ、右手の指を頬に添えるように当て、右足を折り曲げて左足の太ももに載せたポーズに、柔軟さが伝わってくる仏像である。像高123・3センチ、首筋から胸板、腹部にかけて贅肉はなく、全体に流れるように美しく、すっきりしている。

尊顔の微笑を見つめていると、今にも声をかけてきそうなリアルで、見つめるほどに謎を秘めて美しさを漂わせる。この弥勒菩薩は、昭和26（1951）年6月、名誉ある国宝第一号に指定されている。

◆憂い顔の目線の先に何を見つめる泣き弥勒

広隆寺には、宝冠弥勒とは別にもう1体の弥勒菩薩半跏思惟像がある。通称、泣き弥勒といわれる仏像である。この泣き弥勒も蜂岡寺当時の本尊の可能性があるという。が、明確なことは分からない。飛鳥・白凰時代の作といい、像高は90・5センチ。樟の一木造りである。顔の表情は、わずかに愁いを秘めているような、「なにか良い知恵はないかしら……」と考えているようにも見える。右手の指を頬に当てているが、前出の宝冠弥勒の方が指の形がリズミカルである。こちらも右足を折り曲げて左足の太ももに載せている。落ち着いた雰囲気があり、胸のあたりは肉厚感がある。

この菩薩が、かつて全身金箔で覆われていたことを窺わせるように、剥げ落ちてはいるものの名残の金箔が往時を思い起こさせる。さぞや鮮やかであったに違いない。木彫りではあるが、衣の一部に獣の皮が用いられるなど、衣の柔らかさを見せる工夫も見られる。こちらの弥勒菩薩は、昭和27(1952)年11月、第50番目の国宝に指定されている。

庭造りが持病だった夢窓国師と曹源池庭園

【天龍寺】

天龍寺大方丈の前に広がる曹源池庭園。開山夢窓国師は、禅の修行として庭造りに汗をかいた。庭はあたかも深山幽谷の水墨画を見るようで、巨石と松が印象に刻まれる。

◆天龍寺開創に込められた「怨親平等」の精神

天龍寺は正式には、霊亀山天龍資聖禅寺という。創建したのは暦応2（1339）年である。1339年（南朝では延元4年）はその8月、吉野南朝の行宮で後醍醐天皇（1288〜1339）が崩御された年である。天皇は「玉骨（亡骸）は南山（吉野山）の苔に埋もれても、わが魂魄は常に北闕（宮城）の天を望まん」と、遺言された。後醍醐天皇と親交のあった天龍寺開山の夢窓疎石（1275〜1351）は天皇の意を忖度し、帝に叛旗を翻しわだかまりが解けぬままだった足利尊氏（１３０５〜１３５８）を諭したという。「帝の菩提を弔い、魂魄を鎮められてはどうか」と。夢窓国師の言葉に尊氏はうなずき、天龍寺の創建となった。

天龍寺の開創精神の一つに「怨親平等」という言葉がある。敵味方の差別なく等しく接するという意味だ。これはまさしく夢窓国師が尊氏に説諭した精神につながる言葉である。天龍寺の境内は、後醍醐天皇が幼い頃に修学された亀山離宮があった地である。波瀾に富んだ生涯を送られた天皇ではあるが、今は故地に慰撫され安堵されているにちがいない。

◆「私の庭を見て何と答えるか」夢窓国師の声が聞こえる庭

夢窓国師は、伊勢国に生まれた人で、釈迦如来の再来とまでいわれた高僧である。その国師自らが選定した境内の美観「天龍寺十境」がある。一つに嵐山の渡月橋がある。現在は境外であるが、国師の時代は宏壮としていたことがうかがえる。

また一つに、大方丈の西に亀山を借景にした池泉回遊式庭園「曹源池庭園」がある。

曹源とは、禅の創始者達磨大師から数えて六代目、曹溪山宝林寺（中国）の六祖慧能（曹溪大師）によって禅が大成したことから、禅隆盛の源泉である「曹源の一滴水」を意味する。夢窓国師は大方丈の林泉として作庭したが、生来「水石」に心を寄せており、自ら著した『夢中問答』にあるように、「山水には得失なし、得失は人の心にあり」と喝破している。人の心には損得利害の執着があるが、山水にはそれがない、と解釈できる。国師は庭造りを禅の修行と心得ていたようで、山水を愛でる精神も極めて強かったという。

大方丈の広縁に座して眺める眼前の池には、洲浜形の汀に小島が配され、白砂と松の緑が深く印象に残る。その奥には深山幽谷さながらに奇岩が組まれ、溪流が池に落ちる滝口に巨石を二段に立て、滝の落水を表している。これに鯉魚石を配して、「登竜門」の故事になぞらえている。中国・黄河の急流を登った鯉は龍になるという故事である。国師はこの庭造りにどれほどの汗を流したであろうか。「禅の修行」という汗である。

国師は自らを「煙霞の痼疾、泉石の膏肓」と称した。自分にとって、山水を好む習癖と庭造りは持病のようなもの、という意味である。曹源池庭園のほか、西芳寺の庭園、等持院の庭園（１８６ページ参照）なども国師の作庭である。

大方丈の前に石組みと池、樹木の一体美を見せる曹源池庭園

曹源池庭園を離れた後は、庭園の余韻に浸りつつ、天龍寺塔頭の妙智院に立ち寄るのはどうだろう。妙智院は、「西山艸堂（せいざんそうどう）」という店名で湯豆腐料理を出している。静かな座敷には四季を問わず、客が湯豆腐を求めて通って来る。清涼寺の門前にある豆腐店「森嘉（もりか）」の豆腐を使い、昆布だしと醤油で作るつゆに、おろし生姜ともみじおろしを加えた、ピリッとした辛味が豆腐の甘味を引き立てている。湯豆腐定食３１５０円。お昼に湯豆腐を食し、夢窓国師の「泉石の膏肓」という人柄を談論するのも一興である。

「霊光殿」に並ぶ足利将軍の数え方のナゾ

【等持院】

京都で足利将軍家ゆかりの寺では、金閣寺、銀閣寺以上に、等持院を拝観するべきである。霊光殿に居並ぶ足利将軍は、室町時代の威光を21世紀の今に放ちつづけている。

◆足利将軍義昭は「十五代将軍」か、「十六代将軍」か？

等持院霊光殿――。ここに歴代足利将軍の木像が安置されている。向かって左側の列は奥から順に、尊氏、義詮、義満、義持、義教、義勝、義政の木像である。初代から八代までの将軍であるが、第五代義量の木像が抜けている。次に右側の列は、奥から順に、なぜか徳川家康像があり、義尚、義稙、義澄、義晴、義輝、義昭と並ぶ。九代から十五代までの将軍である。ン？　何か変だぞ。お気づきの方もいると思うが、「九代から数えて十五代には一人足らないではないか」

ということだ。足利将軍は十四代までだったか……？　いや、日本史で学んだときは、確かに十五代義昭と覚えた。どうして十四人なのだ？　それは……。

考えられることは、誰か一人抜けているか、または将軍職を二回重任した人物がいるのではないか、ということだ。「等持院小史」に基づく寺の説明では、義尚につづく義稙が十代、十一代と、二度将軍職に就いているという。なるほど、十五代義昭で間違いない、と合点したら、また問題が発生した。等持院小冊子に記載されている「京都大学編日本史辞典」による数え方では、九代義尚につづく義稙は、十代と十二代の二回将軍職にあり、義澄は十一代にカウントされている。従って九～十二代将軍までが出揃ったことになるが、この後十三代義晴、十四代義輝、十五代義栄（よしひで）とつづき、義昭が十六代に数えられているのだ。

ちなみに、義栄という人は、「等持院小史」では空欄になっており、将軍として認められていない。霊光殿に五代義量と同じく木像はない。なぜ認められていないのか。なにか見解の相違があるのだろうか。

◆木像がない義量、義栄は、将軍として認められず？

少し義栄に触れる。義栄は阿波国（現徳島県）に生まれ、歴代将軍を継ぎ十五代将軍に推されたのは間違いない。が、将軍として京都に入る前に、背中の腫れ物が悪化して29歳の若さで亡くなっている。そのため、将軍として京都に入っていない。入洛していない将軍は、天皇にも拝謁していないのだから、将軍として認められないという不文律があるようだ。このことから、十五代として認めるか、否かの考え方の相違があり、十五代義昭説、十六代義昭説に分かれるようだ。先に五代義量の木像が抜けていると述べたが、この将軍の木像についてはまったく不明である。等持院では五代に数えてはいるものの、木像が造られた江戸時代初期、もしかすると義量も将軍として認められず、そのため木像がないのでは、という推察もされている。足利歴代将軍の数え方を研究する学者も多い。なかには三代義満を初代に据え、義栄を加えて義昭を十四代とする研究者もいる。等持院によると、足利将軍の数え方は、いまだに確定していないそうだ。

◆足利将軍三代の木像が鴨川の河原に晒された!!

歴代将軍の木像は、一人一人見ていくと、でっぷり太った三代義満、9歳で将軍職に就き、在任わずか8カ月という幼い表情の七代義勝など……、衣冠束帯姿の将軍木像は、どれも顔形、とくに目の表情が生き生きとしてリアルに見える。江戸初期に存在した似顔絵を参考に作られたという。

幕末、文久3（1863）年2月22日、将軍家茂が上洛（3月4日）する少し前のことである。等持院から尊氏、義詮、義満三代の木像の首と位牌が何者かによって盗まれた。首は三条大橋の下流の河原に三つ並べて晒してあった。「足利三代木像梟首事件」である。足利将軍三代を逆賊とする罪状が掲げてあったが、これは徳川将軍家へ「倒幕」を示唆したものといわれ、浪士組（後の新選組）の入洛をひかえた時期でもあり、幕府に対する挑発的な行為だったともいわれる。三つの首は等持院の関係者が持ち帰り、ふたたび木像にはめ込まれた。とんだ災難にあったものだ。

木像でもう一つ触れておきたいのは、徳川家康の木像である。

家康の木像は、石清水八幡宮から持ち込まれたものだと分かった。が、どういう経緯で等持院にあるのか、判然としない。ただ、この家康像は、家康42歳の厄年のときのものだという。厄除け信仰で知られる石清水八幡宮のある坊舎にあった木像と伝わる。今は厄除け祈願に、この木像にお参りする人もいるとのこと。足利将軍木像のなかにあって、奇異に感じたので一文添えておく。

最後になったが、等持院の名前は、足利尊氏の法号による。尊氏の法号は「等持院殿仁山妙義大居士」。この院殿号は、尊氏が初めて使ったといわれ、こののち、○○院殿がもてはやされるようになった。この寺も開山は天龍寺と同じく夢窓国師。庭は国師の作で、そこに尊氏の墓がある。

ゆっくりできる人は、抹茶（500円）を一服味わいたい。

足利尊氏の木像

質素な尊氏の墓所

51

「生身の釈迦」と伝わる釈迦如来立像

【清涼寺】

この世に生きる誰もが見たこともないお釈迦さんの顔に出会えるのは清涼寺の本尊だけである。釈迦の生前を模刻した顔と姿に、なぜここで出会えるのだろう。

◆釈迦の生前の顔、姿を写した釈迦像

清涼寺（せいりょうじ）は「嵯峨釈迦堂」ともいわれる。愛宕山（あたごやま）の麓に伽藍を並べ、お釈迦様の生身（しょうじん）と伝わる釈迦如来立像が本尊として祀られている。尊顔を拝すべく、重厚な山門を入ると、正面に釈迦堂が見える。瓦一枚一枚が規則正しく屋根の勾配に沿って重なり合い、大屋根全体で瓦の集合美を見せている。「あの堂中にお釈迦さんがおられるのか」という思いからか、何とも不思議な高揚感が湧き上がってくる。

釈迦如来像がここに安置されるまでの軌跡を説明しておこう。中国・宋の時代、東大寺の僧だった奝然（ちょうねん）は、永観元（983）年に入宋し、その2年後、古代インドの仏弟子・優填王（うてんおう）が在世中の釈迦の姿を彫らせたとされる釈迦像に出会うことになる。釈迦37歳のときの姿といわれ、釈迦像はインドから中国に持ち込まれていたのである。奝然はその姿に感動したのか、〝魏氏桜桃（ぎしおうとう）〟という中国産のサクラ科の木に模刻させ、永延元（987）年、この仏像を日本に持ち帰ったのである。

◆釈迦像の体内から出てきた絹製の五臓六腑

釈迦如来立像は像高160センチ、釈迦堂宮殿（くうでん）に安置されている。頭髪は渦を巻くように束ねられていて、顔立ちにエキゾチックな感じがするのは、古代インドで誕生した仏像にルーツを持つせいだろうか。何かを主張するかのような大きな眉、慈愛が籠った切れ長の目、しっかりした鼻筋は引き締まり、意思の強さを表しているように見える。また、通肩といって両肩に衣を掛けている。この薄い衣は流水紋といわれ、円を描きながら首筋に垂れている。左右の耳には水晶が嵌

清凉寺釈迦堂

め込まれているが、これには普く衆生の声がとどくようにと願う気持ちが現れているのだという。

釈迦像は見つめるほどに、「これが生身のお釈迦さん」か、と感慨が深まるが、昭和28（1953）年の修理のさい、生身の像の体内から絹製の五臓六腑の模型が出てきた。「雍熙2年」と中国北宋の年号が書かれていたことから、西暦985年に奝然がこの仏像を彫らせたときに納めたことが分かる。この五臓六腑は、布製ではあるが今に通じる正確さがあり、10世紀末頃の医学知識を知る上で貴重な資料になっている。

このほか、奝然の手形を捺した文書、水晶珠、奝然の生誕を顕す臍(へそ)の緒(お)書きなども納められていた。奝然がいかにこの仏像の制作に心魂を傾けたか、その思いの一つ一つがひしひしと伝わってくる。

釈迦如来立像の体には、無数の傷が付いている。これは、江戸時代に釈迦像の出張公開「出開帳(でがいちょう)」のたびにお賽銭が投げられたときの傷だという。さぞかし痛かっただろう。でも、信仰心の篤いことの裏返しと思われ、我慢されたに違いない。釈迦如来立像は誕生してから1000年余、現代の人々にも厚く信仰されている。この仏像は毎月8日に開帳されるが、普段でも1000円を布施すれば、尊顔と対面できる。

52

百万遍さんの大念珠繰り

【知恩寺】

浄土宗七大本山の一つ知恩寺。京都で百万遍さんと呼ばれ、親しまれている。この寺の行事の一つ、念仏を唱えながらの大念珠繰りが大勢の参加者を集めている。

◆大念珠繰りとは一体どんなものか、京都で体験したいことの一つ

京都に「百万遍(ひゃくまんべん)」という地名がある。この百万遍とは浄土宗知恩寺に由来する。後醍醐天皇の御代、元弘元（1331）年8月、京都に地震が発生し、その上、疫病まで流行り、多くの死者が都大路を埋めた。そのとき、天皇の勅命が出され、知恩寺の空円(くうえん)は宮中に参内して七日七夜にわたり念仏を百万遍唱えたという。これが効いたのか、疫病は鎮まり、天皇より「百万遍」の勅号を賜ったのである。勅号に加えて、弘法大師作の540顆（玉）の念珠も下賜された。このことによ

り、やがて念仏を唱えながら大念珠を繰る「百万遍大念珠繰り」が広まったといわれる。下賜された念珠は宝物館に保存されている。

大念珠は重さ350キロ、長さが110メートル、玉数1080個と、想像を絶する巨大な念珠である。この大念珠は昭和5（1930）年に造られ、二代目が昭和55（1980）年に、三代目が平成24（2012）年に造られた。

御影堂外陣で行われる大念珠繰りでは、参加者（約150～200人）一人ひとりが念仏を唱えながら大念珠を回し、2周して終了する。大念珠繰りは、4月23日～25日（11時～）の「法然上人の御忌大会（ぎょきだいえ）」、12月31日大晦日（夜11時～12時）に行われ、毎月15日（午後1時15分～）は数の少ない念珠繰りになる。

大念珠繰りは、誰でも参加できる。六字名号「南無阿弥陀仏」を唱えながら大念珠を繰り、唱えた念仏の数を数える。百万遍は無理だとしても、自分のおよぶ範囲で頑張ってみてはどうだろう。

◆知恩寺の境内を埋める手づくり市

知恩寺の墓地には、38ページで紹介した鳥居元忠の墓があり、石塔の前に鳥居

鳥居元忠の墓（38ページ参照）

が設けられている。また、境内では毎月15日「手づくり市」が開かれる。京都ではよく知られた市で、日用雑貨の露店が多いようだ。15日にお参りしたら、手づくり市も楽しまれるとよい。

また、知恩寺から徒歩7～8分の吉田泉殿町に、日本で唯一という金平糖専門店「緑寿庵清水」がある。この店のフルーツ味や梅酒味の金平糖が京都みやげに求められている。時間に余裕のある人は立ち寄ってみるのもよいだろう。

徳川三代将軍家光生母と乳母の供養塔【金戒光明寺】

江戸城で繰り広げられた徳川三代将軍の世継ぎ争い。嫡男竹千代か、次男国松か。乳母春日局が必死に擁護した竹千代は、三代将軍の座に昇りつめた。

◆お福の出世の足がかり、家光の乳母に抜擢

平安神宮の北側、高台に〝くろたに〟と呼ばれるエリアがある。とくに、真正極楽寺（真如堂。以下真如堂という）、金戒光明寺の二寺がよく知られる。

ここでは、浄土宗大本山・金戒光明寺（くろたにさん）の墓地に立つ二基の供養塔について話をすすめる。一つは、徳川三代将軍家光の生母お江（崇厳院）の供養塔、もう一つは、家光をかわいがる余り、本当の生母ではないかとの風評があった春日局の供養塔である。江戸城大奥で火花を散らしたとされる二人の供養塔

が、なぜ京都にあるのだろうか。

春日局（１５７９～１６４３）は、幼名を福といった。父は明智光秀の家老斎藤利三。利三は山崎の合戦（90ページ参照）に敗北した後、近江の堅田で捕まり、京の六条河原で斬首された。このとき、福は数えの５歳だった。幼子の福は、母方の親戚、京の公卿三条西家に預けられて歌道や香道などの素養を身につけたといわれる。慶長９（１６０４）年、竹千代（のちの家光）の乳母に抜擢されたが、福が備えていた教養が抜擢される一因にもなった。

◆二代将軍秀忠正室お江と春日局の大小の供養塔

乳母福はわが子のように竹千代の世話をすることで、竹千代は福を次第に頼りにするようになる。一方、生母のお江（１５７３～１６２６）は２歳下の国松（忠長）を偏愛しており、福とお江の間には険悪な空気が生まれる。それには、竹千代自身の母お江への恋しくも近づけない複雑な思いもあったのだろう。二人の確執はやがて将軍世継ぎ問題にもなり、その最中、福が、駿府にいた大御所・家康へ家光を三代将軍にと直訴したのは有名な話である。しかし、金戒光明寺の二人の供養塔を見ていると、福とお江の本心はどうだったのだろうか…と、考えさせられるのである。

まず、お江の供養塔は、二代秀忠の御台所としての力を見せるごとく、高々と大きくあたりを睥睨（へいげい）するようである。この供養塔は、お江の死後、春日局が追善供養のために建立したといわれる。中にお江の遺髪が納められている。一説に、春日局の父・斎藤利三の墓がある真如堂へ墓参する口実に立てたのだとも伝わる。父利三が信長（お江の伯父）を殺した人物だけに後ろめたさがあったのだろう。お江供養塔の右側奥には、忠長の供養塔もある。これを見ると、春日局がお江、忠長へ抱いていたとされる憎しみは、巷間伝わるほどのものではなかったのではないかと思える。

お江の供養塔から少し下がった左手に、慎ましく控えめに春日局の供養塔が立っている。この供養塔は誰が建立したのか分からないらしい。が、お江の亡き後、大奥で権勢をふるった春日局に似合わず、お江供養塔に比べて小さいのが印象的である。

54

天正10年大事件の年に誕生した裏切りの武将

【瑞雲院】

あらゆる歴史書に「裏切り者」と書かれる武将がいる。その武将はまだ19歳という若さで相手方に寝返りの決断をした。が、自分の決断に悩みながら今、京の瑞雲院の墓地に眠っている。

◆関ヶ原の戦いで西軍、東軍の勝敗を決した青年武将

堀川五条交差点の歩道橋から見ると、北西側に大きな黒い屋根が目に付く。日蓮宗瑞雲院である。この寺にある武将が眠っている。電話を入れ、予約(瑞雲院☎075・811・0093)しておけば拝観できる。境内の墓地に案内されて、その武将の墓の前に立つ。墓は小ぶりである。「瑞雲院殿前黄門秀巌日詮大居士(ずいうんいんでんさきのこうもんしゅうごんにっせんだいこじ)」と法名が刻まれている。法名の中の「前黄門(中納言のこと)」、「秀」、「詮」の字に武将の名前のヒントがある。

関ヶ原の戦いで石田三成率いる西軍に与していたが、家康率いる東軍に内応していた小早川秀秋（秀詮）（1582〜1602）である。

秀秋は「裏切り者」とレッテルを貼られ、関ヶ原後、心中の懊悩は、精神に異常をきたすほどであったという。戦いから2年後、慶長7（1602）年10月18日、岡山で没した。21歳と若い死である。亡骸は火葬され、瑞雲院に納骨された。

◆光秀謀反の年に生まれた秀秋の宿命なのか

秀秋は高台院おね（116ページ参照）の甥にあたる。木下家定の五男として誕生した。後世、秀秋が裏切り者になったのは、生まれた年が悪かったのだとの声もある。明智光秀が織田信長を急襲した「本能寺の変」（122ページ参照）の、まさにその年だったからである。主君を裏切った光秀とだぶらせての話である。

秀秋は秀吉、おねに可愛がられ、若くして順調に出世街道を歩んだ。文禄元（1592）年、中納言に昇進。しかし、文禄2（1593）年、秀吉に跡取りの秀頼が誕生したのを契機に、秀秋は小早川家に養子に出された。この一件が秀秋にとって内心忸怩たるものがあったのか……。秀秋が西軍を裏切った理由の一つに、淀殿と秀頼に対する怨恨があったとするのは、あながち否定はできない。

◆小早川秀秋が蘇ったような等身大の木像

秀秋は思うままにならない我が身を仏にすがる気持ちが強かったのか、瑞雲院の本山、本圀寺(ほんこくじ)の日求(にちぐ)上人に帰依していたという。その関係から、秀秋亡き後、

瑞雲院墓地にある小早川秀秋の墓

小早川秀秋の等身大とされる坐像

日求上人はすでにあった玉陽院を秀秋の法名に改め、瑞雲院として開創したと伝わる。

瑞雲院の塗籠（ぬりごめ）の堂内に、彩色された秀秋の等身大という坐像が安置されている。秀秋を守るように一対の随身像が控えている。秀秋像を見ると、青年武将の面影が伝わってくる。関ヶ原での功に報いるためか、徳川家康は秀秋の祭祀料として寺領百石を与えたといわれ、瑞雲院は〝百石さん〟とも呼ばれる。

ところで、本堂の廊下の天井に伏見城（38ページ参照）での攻防の激しさを伝える血染めの廊下板が使われている。京都に血天井のある寺は六カ寺を数える。血天井は激戦を戦い抜いた鳥居元忠以下兵士の霊を慰めるために、秀秋がここに持ち込んだものという。信仰心に篤かった秀秋の一面を見る思いがする。

醍醐寺の山上に湧き出る「醍醐水」の味は？

醍醐寺は、真言宗醍醐派の総本山。境内は山上と麓に広がる。山上に不断の水音を響かせ湧き出ている醍醐水がある。この水をひと口含むと、ある言葉が浮かんでくる。

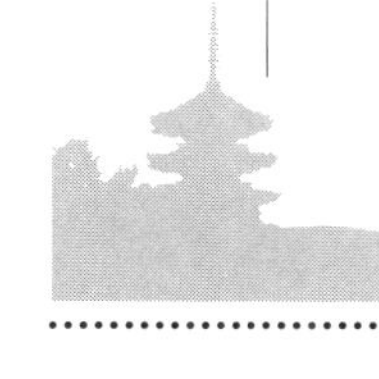

◆醍醐寺山上の境内へ醍醐水を求めて……

豊臣秀吉の「生き葬式」と論じられる「醍醐の花見」が行われたのは、慶長3（1598）年3月15日のこと。このとき、醍醐寺は麓から山上にかけて、見渡すかぎり桜で埋まった。桜は今も境内のそこかしこに、秀吉を思い起こすように花をつける。五重塔あたりがとくに見栄えがするが、その先に女人堂がある。ここには杖が用意されている。上醍醐へ登山道を登る人が、歩く手助けに杖を借りて行く。

8月上旬、「醍醐水」の味はどんなものかと、登山道を汗びっしょりになって登った。途中、水音の涼しい場所で休憩し、やや勾配のある道を行くとほどなく、醍醐水が湧き出る場所に着いた。女人堂から1時間～1時間30分。大きく「醍醐水」と書いてある。ひしゃくが置いてあり、まずは一杯飲んでみる。無臭でクセはない。醍醐寺の寺名の由来となった水であり、ここが醍醐寺の原点という。

◆醍醐味とは乳製品の味の最上級を意味する言葉

貞観16(874)年、この地に醍醐寺を開いた僧聖宝(しょうぼう)(832～909)が老翁と出会い、老翁は湧き水を口に含むと、「これは醍醐味かな、醍醐味かな」と言ったという伝承がある。醍醐味とは、仏教用語で「如来最上の教え」を意味し、ひいては深い味わい、本当のおもしろさを表現するときに使う。このときの老翁は、醍醐水の味を「醍醐味」といったが、本来は「牛より乳を出し、乳より酪を出し、酪より熟味を出し、熟味より醍醐を出す。醍醐は最上なり」と、『涅槃経』に説かれているように、乳味、酪味(らくみ)、生蘇味(なまそ)、熟蘇味(じゅくそ)、醍醐味と、5段階の味に分かれた、その最上級の味を「醍醐味」という。

山上に湧き出る醍醐水

山から下りた後は、塔頭（たっちゅう）の三宝院（さんぼういん）の庭を眺めながら呼吸を整えよう。広縁（ひろえん）に座って拝観できる。夏は蝉しぐれが心に静寂を誘う。庭園は1600坪の広さがあり、石の庭といわれるだけに、1400個もの石があり、なかでも中央の奥に見られる藤戸石（ふじといし）は、足利十五代将軍義昭、信長、秀吉を渡り歩いた石である。秀吉の聚楽第（じゅらくてい）からここに移された。三人のトップを見つめてきた〝天下石〟ともいうべき華麗なキャリアを誇っている。

小野の里・随心院門跡に伝わる〝はねず〟の季節とは……

【随心院門跡】

春3月の下旬、はねず色の梅花が芳香を漂わせ、小町ゆかりの随心院門跡は華やかに、厳かに、「悲恋伝説」を今に伝える季節でもある

◆「小町伝説」の一つ、深草少将百夜通いの結末

小野小町伝説は全国各地にあり、京都郊外「小野の里」（地下鉄東西線小野駅下車）には、小町の邸宅跡と伝わる随心院が広壮とした境内域を見せる。随心院の案内によれば、48ページで紹介した小野篁の孫が小野小町だと伝わり、小町の従兄が書家・小野道風だという。

ついでながら、2017年1月、福島県田村郡小野町の人たちが六道珍皇寺（東山区大和大路四条下ル）で、小野篁の法要を営んだ。福島・小野町は篁が任

官した地であり、小町伝説もある。なお、京都府では京丹後市大宮町にも小町伝説があり、「小町公園」そばに、小町供養塔が苔むしてある。

小町は美人だといわれるが、真実らしく恋物語も少なくない。その一つが、深草少将（ふかくさのしょうしょう）の百夜通い（ももよがよい）である。少将は小町との恋を成就するために「百夜通い」の誓いを立てる。堅牢な精神の持ち主だった少将は、雨の夜も雪の夜も毎晩、小町の元に通い詰め、そして、99日目の夜のこと。疲労もあったのだろう、雪道の途上で病気になり、99日目に亡くなったのである。わずか目標達成1日を前にして、完遂ならず。無念だったにちがいない。

それでは、いったい深草少将はどこから通っていたのだろうか。京阪墨染駅が最寄り駅になる曹洞宗欣浄寺（ごんじょうじ）に、その痕跡らしい「少将の通い道」が残っている。といっても、今は住宅街などになり、歩くことはできない。ただ、道は山科方面へは延びていることは判明しており、少将が歩いた頃はおそらく獣道だったのではないか、と想像される。今となってはその道のりは分からないが、車でも20〜30分かかる距離だったのではないか、と欣浄寺では推定している。

この寺は深草少将の邸宅跡だといわれ、「少将の井戸」（別名少将の涙の水）、少将と小町の塚もある。

◆悲恋を偲び小野の里の少女たちが華やかに「はねず踊り」

私事ながら、小町伝説の取材で、２０１５年、隨心院に「はねず踊り」（３月最終の日曜日に開催）を見に足を運んだ。３月29日（日曜）、この日はあいにくの雨で、花笠、小袖姿の少女たちは、急遽、屋外での舞台を本堂前の廊下に移動させての披露だった。

４回の公演が組まれており、いずれも黒山の人だかりだった。そのせいで写真など撮ることができず、残念であった。

さて、〝はねず〟とは、古語で薄紅色をいう。境内に離接して「小野梅園」があり、園内にはこの日、はねずと称される紅梅が咲いていた。深草少将と名付けられた梅もあった。紅梅のように色鮮やかな装束の少女たちは、小町と少将二人を偲び、小野わらべ歌「はねずおどり」が流れる中、素朴な表情で手足を動かす。

♪少将さまがござる　深草からでござる
毎夜よさりに　通うてござる

小野梅園に咲く紅梅

かやの木の実で　九つ十と
日かずかぞえて　ちょいとか
いまみりゃ
今日もてくてく　よー　おか
よいじゃ

はねず踊りは一時、中断を余儀なくされたが、昭和48年の春、地元有志の尽力により復活した。小野の里は市内とは違い、清涼な空気に包まれている。境内に設けられた露店ではお餅、ぜんざい、ういろうなどを販売していた。とくに、細い竹筒に入ったういろうは、つるりとして、爽やかな甘さで忘れられない味になった。

57

知恩院宗祖の「大建築」「大梵鐘」「大遠忌」

知恩院は徳川将軍家ゆかりの寺である。三門をはじめ伽藍は大きな建物が多く、将軍家の威光を示しているようでもある。三段に分かれた境内は知恩院小宇宙を形成している。

◆境内7万3000坪、伽藍106棟の壮大

東山三十六峰の一つ、華頂山の麓に一大宗教施設「浄土宗総本山知恩院」がある。境内は上・中・下段の三段に分かれており、境内総面積7万3000坪に106棟の伽藍が並び立っている。

下段に大砦のように見える三門から入る。三門は高さ24メートル、幅50メートル、奥行き22メートルあり、重層入母屋本瓦葺。屋根には7万3000枚の瓦と38枚の鬼瓦が使われている。木造の三門では日本最大級である。建立は元和7

（１６２１）年といわれ、４００年もの長い年月を凝然と立ち続けている。

　三門の正面には急勾配の石段がまるで天空へ誘うように延びている。通称「男坂」である。この石段を上がると中段の境内である。白い砂利が敷き詰められ、総伽藍の中心「御影堂（みえいどう）」がある。宗祖法然（ほうねん）上人の御影が祀られている。

　法然上人（１１３３〜１２１２）の諱（いみな）は源空。岡山・美作（みまさか）の出身で、43歳にして「南無阿弥陀仏」を唱える念仏の教えを確立した。法然上人の知徳は広範にわたり、浄土宗寺院は７３００カ寺、檀信徒数およそ５００万〜６００万人という。

　法然上人は建暦２（１２１２）年1月25日、80歳で入滅した。平成23（２０１１）年、「法然上人８００年大遠忌」が営まれた。遠忌とは50年、１００年ごとに行われる「年忌法要」のことで、法然上人の遺徳を偲ぶものである。その年忌法要が８００年ともなれば大遠忌なのである。人間の生命は80年余りだが、偉大な宗教家の教えは、この先９００年、１０００年と受け継がれるのである。

　現在、御影堂は大修理が行われている。平成31（２０１９）年３月にふたたび大堂が姿を見せる。

◆大晦日の夜、僧侶17名で撞き鳴らす除夜の鐘

御影堂のある中段の境内から上段の境内へ行くと、白壁の塀が延びる石段の先に「勢至堂（せいしどう）」がある。ここは「念仏発祥の地」であり、法然上人が往生の素懐を遂げた大谷禅坊の跡地でもある。

上段までお参りすれば法然上人の懐の深さ、専修念仏の信仰に近づける魂の気配がある。ここから中段に戻ったら、大鐘に注目したい。この鐘は方広寺、東大寺（奈良）と並ぶ大鐘である。高さ約3・3メートル、口径2・8メートル、重さ約70トン。鐘楼と合わせて国重文である。

この鐘は行事でわければ1年に4回鳴り響く。1回目は成人祝賀式、2回目は4月18日〜25日「御忌大会（ぎょきたいえ）」、3回目は12月27日の試し撞き、4回目は大晦日である。御忌とは遠忌と同じ意味で、法然上人の命日をいう。この「御忌」という言葉は、第一〇四代後柏原天皇（1464〜1526）が初めて使われた言葉といわれる。この天皇は年少の頃、応仁の大乱の最中にいた天皇である。

御忌大会では1日3回時報を知らせるように撞かれる。この場合、鐘撞きは僧

知恩院・男坂

侶一人が担当するが、大晦日だけは僧侶十七人で撞く。長さ4メートルの撞木の綱を引くのは、親綱一人、子綱十六人。かなり力が必要なのは見ていて分かる。僧侶たちは地面と水平になるほど体を倒して綱を引っ張っている。その姿を見ているだけでも力が入る。
昔は鐘の音が遥か遠くまで達したというが、さもありなんと思うほど、重量感のある音が波打つように響く。

第3章

京都の「通」になる

「一見さんお断り」も遠い昔の話になりつつ……

一見さんお断り、は京都の「格」の高さなのか、それとも信用で商いする京都らしい習慣なのか。最近は開放的に迎えてくれる店がどんどん増えている。

◆お客さんの「信用」が第一。それが京都の商売どすぇ

なんとなく入りづらい老舗料亭の門構えを見るたび、祇園・花見小路のお茶屋さんの前を通るたびに、「一見(いちげん)客は無理だろうな」と思う人も多いだろう。花見小路のお茶屋の一軒に、一見では入れないので、知り合いの紹介で一度入ったことがある。女将さんは年配の方だったが、気さくに応じてくれた。なぜ、料亭やお茶屋は一見客をとらないのですか？　表通りから見る1階の格子戸の裏側がちょうどボトルの棚になっており、そこに並ぶウイスキーのロックを飲みながら聞

いてみた。答えは、「支払いを心配するための昔からのしきたりどす」だった。京都には常連客を大切にする習慣があり、とくに祇園のお茶屋などはそれが顕著である。

つまり、顔なじみには信用があり、一見客で懐に札束を持っていたとしても、お茶屋では何の価値もないのである。翌日、舞妓さんを呼んで話を聞いたが、前夜の飲み代と舞妓さんの花代合わせて、月末に請求書がとどいた。ン万円だった。その場では勘定せずに、月末に支払うシステムに、一見さんお断りの本音の部分がある。あくまでも「信用」なのだ。

◆一見客断らず！　京都も変わってきました

信用、信用とはいうけれど、時には痛い目にも遭う。常連客といえども金回りに詰まってか、たまに逃げられることも起きる。すると、お茶屋がツケの全額をかぶることになる。ン百万円の被害という話も聞いた。ならば、よほど一見客の即金の方がマシだと思うが、先ほどのシステムは変えないのである。先斗町のページ（30ページ）でも書いたが、現在は一見さんお断りの店は減少した。ある店の前に「常連客は旅人のあなた」と看板が出ていた。これなどは、一見さんお断りの習慣が、すでに消えつつあることを物語っている。

それでも、老舗料亭のなかには、まだまだ紹介者がないと入店させない店もある。理由は、「一見客を入れると、店肌が荒れる」というのだ。店の常連客にとっては、知らない客にぞろぞろ入られると雰囲気が壊れるということらしい。かつては、「お忍び」という言葉がよく使われた。京都の宿を定宿にしていた有名人好みの言葉であるが、お忍びを考慮して宿側が一見客を断っていたケースもある。我々一見客には、何がお忍びだ、という気もなくはない。が、京の奥深くではまだ一見客お断りのところもある。実際、料亭やお茶屋ならずとも場所をわきまえず、うるさい観光客には辟易することがある。節度ある行動を心掛けたいものだ。

茶聖千利休と裏千家、表千家、武者小路千家のいわれ

秀吉の茶頭として、政治にも口を出したとされる千利休。
権勢は高まり、高まるあまり落とし穴もあったか。
しかし茶道は脈々と今に受け継がれている。

◆侘び茶の大成者千利休の背信かそれとも……

千利休（せんのりきゅう）（1522〜1591）は、織田信長、豊臣秀吉の茶頭（さどう）（茶の師匠）を務めた茶の湯者である。侘び茶を創始したことで知られ、利休流の茶の湯に集まった武人は細川忠興（三斎）、石田三成、古田織部らがいる。本名は千宗易（せんのそうえき）という。天正13（1585）年、秀吉の関白就任御礼の禁裏（きんり）茶会において第一〇六代正親町（おうぎまち）天皇より「利休」という居士号を賜って以来、千利休という。

天正15（1587）年10月1日、秀吉が主催した「北野大茶会」を成功に導き、利休の名声はいよいよ高まった。このとき利休は65歳。人生の頂点にいたといってもいいだろう。この頃利休は自らの権勢を利用して、茶器の目利き、売買に専横的な振る舞いがあったという。これが秀吉の逆鱗にふれたのか。後世伝えられる「大徳寺三門事件」も重なった。天正17（1589）年、利休が寄進した大徳寺三門の楼上に、自らの木像を置いたことで、「勅使、高官が通る三門に自らの像を置き、頭を踏みつけるとは何事だ」。怒った秀吉は利休像を一条戻橋で磔刑に処したという。

◆利休は死して「三千家」を残す

利休本人も実家のある大坂・堺に蟄居（ちっきょ）を命じられた。この時、淀川べりに見送りに来た弟子は二人だった。細川忠興と古田織部である。利休は涙したに違いない。二人に頭を垂れたと伝わる。ふたたび、京の屋敷（現晴明神社周辺）に戻された利休は、天正19（1591）年2月28日自刃した。享年70。利休の強靭な精神が伝わる「偈（げ）」が残る。

「人生七十（じんせいしちじゅう）　力囲希咄（りきいくとつ）　吾這宝剣（わがこのほうけん）　祖仏共殺（そぶつぐせつす）」。

70年の人生、迷いもあったが、命を断つにあたり、祖仏のあることか‼　利休の辞世の言葉である。

利休の死後、利休流茶道は裏千家、表千家、武者小路千家の、三千家に受け継がれる。裏千家の「裏」とは、利休の孫・千宗旦が家の裏庭に建てた隠居所で、息子の宗室が茶道を始めたことに由来する。表千家とは、裏千家に対する呼称である。

堀川寺之内から東側、小川通に裏千家「今日庵（こんにちあん）」、表千家「不審菴（ふしんあん）」が南北に並んでいる。俗に「裏」とされる北側に今日庵があり、南側に不審菴がある。不審菴の前には、千利休の遺蹟であることを示す石碑が立っている。

◆三千家が交代で行う「利休忌」

三千家のもう一つ、武者小路千家「官休庵（かんきゅうあん）」は、京都ブライトンホテルの北側、東西に走る武者小路通に面して、閑寂なたたずまいの建物がある。もうお分かりとは思うが、武者小路通に面して茶室を建てたので、その名がある。

利休が亡くなって425年あまりが経つ。利休の命日は2月28日である。毎年、

表千家「不審菴」の建物。静けさが漂う

1月～12月まで月命日に三千家が交代で、大徳寺聚光院（千利休の墓がある）で「利休忌」を行っている。1月28日は表千家、2月28日は裏千家、3月28日は武者小路千家と、順番に行われている。この「利休忌」とは別に、三千家の家元でも供養が行われる。

舞妓さんに会いたい！ではどこへ行けばいいの？

舞妓さんはかわいいばかりではない。かなり忙しい。スケジュールを見ながら、舞妓さんにお会いできる日を心からお祈りいたしております。

◆舞妓さんデビュー＆1日のスケジュール

祇園で聞いた話だが、舞妓になるには一般的には、中学校を卒業して1年ほど修業する。「仕込み」と呼ばれる期間だ。行儀作法、京言葉の習得、京舞（井上流）の稽古などに打ち込む。地方から出てきた子は、京言葉が難しい。「うちどすか」「そうどす」「へぇおおきに」など、なかなか覚えられない子も。仕込みが終了すると、お座敷にデビュー（店出し）。

1日の平均的なタイムスケジュールは、9時に起床。9時30分から京舞と三味線の稽古。お昼の12時まで励む。そしてお昼ごはん。このときが一番ゆっくりできる。午後3時頃まで自由時間。3時には部屋に戻り、自分でお化粧、これが終わると、「館」（やかた）へ行って着付け。着付けはすべて男衆（おとこし）さんが行う。わずか5分くらいで着付けは終わるという。夕刻の5時。お座敷に上がる時間だ。これから深夜の1時頃までお座敷を回る。

お座敷から解放されると部屋に戻る。化粧を落とし、お風呂に入るのは深夜2時30分〜3時頃。そして就寝。おつかれさんどす。

舞妓さんの365日カレンダー（祇園甲部の例）

・1月7日「始業式」　稲穂のかんざし、正装姿の舞妓さん、芸妓さんが集まる。上七軒だけは1月9日。前年の売り上げ成績が発表され、上位の舞妓、芸妓、お茶屋が表彰される。

・1月13日「初寄り」　祇園甲部では、井上流京舞の師匠のお宅に集まり、新年のご挨拶。お屠蘇、お雑煮で新年を祝う。お稽古にも励みますえと誓う。

・2月2・3・4日「節分」　各花街では奉納舞と豆まきが行われ、夕方からは自由に扮装した（おばけ。154ページ参照）舞妓さん、芸妓さんがお座敷を回る。

・4月1日〜30日「都をどり」（229ページ参照）都をどりは、祇園甲部の舞妓さん、芸妓さんたちの舞台。京都に春を呼ぶ踊り。各花街でも日にちを変えて行われる。

・7月初旬「みやび会」井上流京舞の師匠とともに八坂神社にお参りして芸の上達を祈願する。浴衣姿の舞妓さんがかわいく見える。

・8月1日「八朔（はっさく）」八朔とは8月1日のこと。祇園花街の「紋日」（特別な日）にあたり、お師匠さん、お茶屋をまわり「おめでとうさんどす」と挨拶する。

・8月16日「五山送り火」この日、舞妓さんたちは祇園にいなくてはいけない、と決められている。

・10月1日〜6日「温習会」祇園甲部では、秋の舞の発表をする。稽古のおさらい日。

・10月22日「時代祭」　京都御苑から平安神宮まで時代行列に参加する。

・11月8日「かにかくに祭」　白川巽橋近くにある「吉井勇歌碑」の前に舞妓さん、芸妓さんが集まり、菊の花を献花する。この日は舞妓さんを間近にウォッチできるおすすめ日。

・12月初旬「顔見世総見」　四条大橋東詰にある「南座」に役者の名前を書いた〝まねき〟が上がると、京にも師走がやって来る。興行中の5日間、舞妓さんたちは観劇する。舞妓さんのかんざしも、まねきかんざし。

・12月13日「事始め」　お正月（事）の準備をはじめる。お師匠さんに鏡餅を納め、お返しに新しい扇をいただく。

・12月31日「おことうさん」（仕事納め）とおけら火　おことうさんとは、「お事多うさん」と書く。お世話になったお茶屋さんにあいさつ回り。お茶屋さんからはピンクと白の「福玉」が配られる。夜には八坂神社に詣で、おけら火を火縄にうつして持ち帰り、この火でお雑煮を炊いて1年の息災を祈願する。

61

都をどりはヨーイヤサァーで京に春が来る

明治5（1872）年に始まった「都をどり」は1世紀の歴史を超えて、多くの観客を魅了しつづけている。踊りのあでやかさ、舞台の華やかさ、なにより踊り手の意気ごみが伝わってくるからだ。

◆春が来た！　京都の春は祇園の「都をどり」から

都をどりは、祇園甲部の芸妓さん、舞妓さんたちの春到来を告げる華やかな舞台。花見小路沿いにある祇園甲部歌舞練場で、毎年4月1日～30日に開催される。春の陽気に包まれた花見小路のお茶屋さんの玄関先には、通称「つなぎ団子」という絵柄を描いた赤々とした提灯がぶら下がる。これは、祇園甲部の紋章で、嘉永4（1851）年、遊所御免の御沙汰が出されたときに作られたものだ。団子型の印は八つあり、祇園八町を示しており、それぞれを線でつないでいる。真ん中には「甲」の字が見える。

都をどりの始まりは、明治5（1872）年3月のことである。明治2（1869）年に東京遷都が行われ、京都は人口が減るにつれて経済も沈滞していた。何とか振興策を図り、景気回復の起爆剤はないものか。そんな折、計画されたのが明治5年に開かれた「第1回京都博覧会」だった。京都府の槇村正直参事はこの博覧会に目を付けた。

◆芸妓さん、舞妓さん総出の演出は大迫力

槇村は博覧会の余興に「都をどり」を発案したのである。これが実現、祇園芸妓衆が延べ234人、7組に分かれて交替制で出演した。会場は祇園新地新橋貸席「松の屋」。踊りの振り付けは京舞の井上流三世井上八千代が担当した。井上流舞は座敷舞、風流舞と呼ばれるが、この舞に伊勢古市の亀の子踊りなどを参考にして、総踊り形式を取り入れたのが特徴だった。踊り手の芸妓さん、舞妓さんたちにとって舞台での踊りは初めてだったが、これが大評判となった。総踊りは何といっても華やかさが際立ち、観衆の受けもよかったのだろう。「都をどり」

と命名された踊りは、翌明治6年には花見小路に新設された歌舞練場（現在の建物とは別）で行われ、今日まで連綿とつづいている。

現在、京都の花街では祇園甲部の「都をどり」をはじめ、祇園東歌舞会の「祇園をどり」（祇園会館・11月1日〜10日）、宮川町に「京おどり」（宮川町歌舞練場・4月第一日曜〜2週間）、先斗町の「鴨川をどり」（先斗町歌舞練場・5月1日〜24日）、上七軒の「北野をどり」（上七軒歌舞会・4月15日〜25日）などが見られる。なかでも先斗町「鴨川をどり」は、祇園甲部に負けず劣らずの華やかさがある。踊り期間中に先斗町を歩くと、路地の店先に「鴨川千鳥」の提灯が下がり、初夏の京都を楽しませる。

ところで、なぜ祇園甲部や先斗町では「をどり」と「を」を使うのか。旧字を当てただけというが、「を」は踊り子さんの舞姿に形が似ている、という意見があったので、書き添えておく。

ぶらりが愉しい縁日市「弘法さん」と「天神さん」

弘法さん、天神さんでは、晴れるか雨が降るかの勝ち負け談義もあるという。が、弘法、天神という偉大なおふたりにゆかりある市へ行ったら、その遺徳も偲びたいものである。

◆毎月21日は早朝から弘法さんへ行こう！

縁日市はどこでも童心に戻ったようにワクワクする。京都では寺社の境内で開かれる縁日や市は、どこも人気がある。

なかでも東寺境内で毎月21日（弘法大師の月命日）に開催される〝弘法さん〟、北野天満宮境内で毎月25日（菅原道真の誕生日・命日）に開かれる「天神さん」は、縁日市の双璧である。

東寺の境内に市が立つようになったのは、室町時代の頃のようだ。６００年の歴史を持つ。21日の朝6時頃に出かけてみると、すでに露店が並んでいる。日用雑貨、骨董品、古着、ガラクタを扱う店がある。仏壇などもある。掘り出し物があるか、うろうろするだけでも時間は過ぎる。夕方の5時頃までフル営業の店もある。12月21日「終(しま)い弘法」、1月21日「初弘法」は、とくににぎわう。値段の掛け合いにも力が入っている。

◆毎月25日は古着を見つけに天神さんへ行こう！

一方、天神さんは菅原道真の誕生日6月25日、薨去した2月25日を「御縁日」として毎月25日に開かれている。朝7時頃から始まり、日没まで混雑する。その数は定かでないが、露店数は1000軒ともいう。骨董品、古着の店が多く、植木店、食べ物の店も並ぶ。七味、たこ焼などおなじみの露店に、もつ煮やわらび餅の店も出ている。季節によっては、注連縄やお飾りの店も出る。天神さんも12月25日の終い天神、1月25日の初天神はいつもより活気がみなぎる。2月25日は「梅花祭」と重なり、梅花の花見でにぎわい、上七軒(かみしちけん)の芸妓衆による野点(のだて)も行われる。

◆弘法さん名物のどら焼き、天神さん名物の長五郎餅

七条通大宮西に本店を構える「笹屋伊織」では、毎月20日～22日の3日間、どら焼きを販売する。21日だけは東寺東門の北に露店を設けている。この店のどら焼きは円柱形をした棹物で、長さ20センチ、直径4センチほど。

一方、天神さんでは、天満宮の東門に長五郎餅の茶店が出る。この店は毎月25日のほか、毎週土・日曜・祝日、梅花期間中などにも店を開く。長五郎餅は、豊臣秀吉が味を褒め、命名した歴史がある。長五郎餅（2個）と煎茶のセットが楽しめる。

南座「吉例顔見世興行」のまねき上げ

顔見世興行が行われている南座の前を通るたびにまねきを見上げる。勘亭流の文字はなんとも迫力がある。役者さんたちにとっても光栄の文字にちがいない。

◆贔屓の役者が出演。まねき上げが待ち遠しい

四条大橋の東詰にある「南座(みなみざ)」の正面に、11月末、歌舞伎役者の名前を墨書きした〝まねき看板〟が掲げられると、「ああ、もう師走やなあ」と京都の人たちはいう。まねきは、「吉例顔見世興行」、縮めて「顔見世」が始まる知らせでもある。顔見世は、12月に26日間行われ、東西の役者が「顔」をそろえる。

11月初め頃、まねき書きが始まる。ヒノキ材のまねき板は、長さが1・8メートル、幅が32センチ、厚さが3・3センチある。まねき書きは、平安神宮から近い日蓮宗妙傳寺（東大路二条）の客殿で行われる（ただし、変更もある）。墨に祝いの意味合いと、文字に照りを出すために清酒を混ぜる。文字は「勘亭流」という筆太の文字。内側に丸く曲げた独特の筆使いは、大入りを期待してのこと。

書き終えると、11月末にまねき上げ。これを見るファンが南座の前に集まる。正面に掲げられたまねきは、およそ40～50枚ほど。右側は関西、左側は東京の役者となっている。まねき看板の上部は、切妻屋根の形をした庵形を付けており、役者の紋で飾っている。ファンのなかにはそれを見ながら歓声を上げる人もいる。

◆なぜ年末に「顔見世」が行われるのだろうか？

顔見世は、歌舞伎の世界でいう役者のお披露目の興行である。一説に、元禄時代（１６８８～１７０４）頃に定着したといわれ、芝居小屋の年間行事の一つだった。江戸時代の芝居小屋と役者は1年ごとに契約を結んでいたという。契約期間は11月から翌年10月までの1年間。そのため毎年、11月に新しい役者の顔ぶれを紹介したといわれ、このことが顔見世の起源となったようだ。

南座の「顔見世」を楽しみに待つファンは多いと思うが、観劇後は、西隣りにある総本家にしんそば「松葉本店」に立ち寄る人も多い。創業は文久元（1861）年。にしんは骨まで柔らかく、そばと合わせるようににしんを食べると、旨さが増す。つゆは少し甘みがあり、すすってもすすっても、まだすすりたくなる。南座に出演する役者さんたちも贔屓にしているという。

師走の京都に厳かに響く念仏の声、空也踊躍念仏厳修【六波羅蜜寺】

僧侶の後につづけて大声で
「モーダ・ナンマイト！」
暮れの風物詩——かくれ念仏。

◆12月13日から始まる「罪障消滅」祈願

京都では12月13日は特別な日である。祇園では芸舞妓たちが京舞の井上八千代さん宅に集まり、「事始め」の挨拶、北野天満宮では大福梅の販売が始まり、市内では大福茶（正月に飲む）が売り出される。東山区にある六波羅蜜寺（五条通大和大路上ル）では「空也上人踊躍（ゆやく）念仏厳修」が始まる。

本題に入る前に少しだけ「六波羅」の意味に触れておきたい。六波羅とは現世にいながら仏様に少しでも近づくための6つの修行のこと。「布施・持戒・忍（にん）

辱・精進・禅定・智慧」6つの修行を指す。修行の内容は各自調べてもらうとして、六修行を寺名に持つ六波羅蜜寺「空也上人踊躍念仏厳修」（重要無形民俗文化財）は12月13日から31日まで行われる。

この寺には宝物として、空也上人立像（運慶の4男康勝の作）がある。左手に鹿の杖、右手に撞木を持ち、口から「六体の阿弥陀（南無阿弥陀仏）」を吐き出している。この六体の阿弥陀・南無阿弥陀仏（念仏）を唱えることが、秘法とされていた歴史があり、そのため一般には念仏の言葉が分からないように、「ナムアミダブツ」を変えて、モーダ・ナンマイトと唱えていたらしい。

◆僧侶たちが鉦、太鼓を打ち鳴らし、一斉にモーダ・ナンマイト

初日の13日、少し寒い日であったが、本堂の畳に腰を下ろして始まるのを待つ。続々と参加者が集まる。中高年のおばさま族ばかりだ。夕刻5時頃には「モーダ・ナンマイト」の発声の練習があり、参加者は大声で「モーダ・ナンマイト」を唱和。そして、いよいよ本番だ。

黄色い衣をまとった僧侶数人が鉦、太鼓を打ち、下駄の音高く、本堂内陣の祭

壇を右に回る。空也上人が京都に蔓延していた疫病の退散を願って、踊りながら念仏を唱え、市中を回っていた姿を彷彿させるものだという。僧侶たちは何回か祭壇を回り、「モーダ・ナンマイト」と念仏を唱えるが、そのたびに参加者も「モーダ。ナンマイト」とつづける。寒さを突き破るように声も大きな声になってきた。段々に念仏は早くなり、「モーダ・ナンマイト」「モーダ・ナンマイト」と参加者の声も合うようになってきた。

踊躍念仏厳修は暗い堂内で1時間ほどで終了した。最後に僧侶の挨拶があり、参加者一人ひとりにお守りが配布される（無料）。

外に出ると、師走の風が冷たい。しかし、不思議にも心のアカが落ち、気分がスーッとしたのはどうしてだろう。そしてもう一つ、「モーダ・ナンマイト」を口ずさんでいた。読者の皆さんも一度参加すれば、この気持ちは理解できると思う。「モーダ・ナンマイト」「モーダ・ナンマイト」。

日本「初」物語に見る京都の先進性

京都は古い歴史のある町であると同時に、進取の気質に富んだ町でもある。伝統を守るだけではなく、新しいことに挑む姿勢も強い。京都に初めて誕生した事象は、他所に比べて数多いのである。

◆教育に地域の町衆が協力。日本初の番組小学校

京都は教育に先進性がある。明治2（1869）年5月21日、日本初の近代小学校が誕生した。上京第二十七番組小学校（現在の柳池（りゅうち）中学校）である。当時、京都では上京、下京それぞれに〝番組〟と呼ばれる学区が設けられ、番組ごとに小学校が設置された。これが番組小学校といわれるもので、全部で64校が創設された。これは国が定めた学制頒布（明治5年）より3年も早い。

また、明治5（1872）年には、「学制」に基づく課業表（カリキュラム）

と教科書の編纂が行われたが、京都府では明治4（1871）年に文部省ができる前に小学校課業表を作っていたために、文部省が決めた課業表を使い始めたのは明治7（1874）年の改正版からだったという。

教育に対して先進的だった理由は、東京遷都による沈滞ムードを打破するための方策の一つだったことのほかに、京都の根底にある進取の気質だったにちがいない。

番組小学校跡を示すものは、御池通富小路にある柳池中学校の前に「日本最初小学校柳池校」と記された石碑がある。

◆日本初の水力発電、路面電車も初めて京都を走った！

学校といえば、明治13（1880）年京都府画学校が御苑内に開校している。今でいう美術学校で、日本画、洋画、陶芸などすぐれた人材を数多く送り出した。現在、市立芸術大学としてその歴史と伝統が受け継がれている。

80ページで取り上げた琵琶湖疏水は日本初の蹴上（けあげ）水力発電所（現在も稼働）を生み、電力供給の増大は明治28（1895）年2月1日、日本初の路面電車（チンチン電車）を走らせた。

以下、日本初を並べる。明治30（1897）年、木屋町四条上ルにあった立誠（りっせい）小学校敷地で日本発の映画上映会。大正6（1917）年4月27日、初めての駅伝競走が行われた。昭和2（1927）年には日本初の中央卸売市場の開設。昭和31年（1956）年には、地方自治体が直営するオーケストラ創設。昭和41（1966）年には、初の国立国際会議場が宝ヶ池にお目見えした。

明治4（1871）年には、日本最初の博覧会が西本願寺で行われている。これを機に「京都博覧会会社」が設立され、明治5年に第1回京都博覧会が開催されている。この博覧会の余興に「都をどり」（229ページ参照）が始まったのはご存知の通り。また、明治10（1877）年12月6日、仙洞御所前の広場で日本初の軽気球が京都の空に浮かんでいる。

◆日本初、山脇東洋の「人体解剖」

丹波亀岡（京都府）に誕生した山脇東洋は、江戸中期の医者である。父清水立安（りゅうあん）が医者だったことから、東洋もまた医学の道を志し、やがて父の師でもある山脇玄修の門下生になる。医学の才を見出された東洋は、玄修の養子になり、山脇姓を継ぐことになる。東洋の興味は次第に人体の内なる構造がいかになっているかとなり、「人体解剖」の機会を待っていた。

軟脇東洋観臓之地碑

そして、その時がついにやって来る。宝暦4（1754）年閏2月7日、人体解剖の官許を得るため、京都所司代酒井（さかい）忠用（ただもち）（1722〜1775）に申し出た。酒井は小浜藩主（福井県）で、宝暦2（1752）年、京都所司代に任命されている。

解剖の申し出は許さ

れ、処刑（斬首）された頭のない囚人が人体解剖の第1号であった。「歴史人物事典」（朝日新聞社）山脇東洋の項に、

解剖の執刀は、牛馬の屠者がメスを入れたとある。図録は東洋門下の浅沼佐盈（あさぬますけつね）が担当した。こうしてつぶさに調べた人体の内部構造は、初めての解剖から5年後、宝暦9（1759）年、解剖図録『臓志』に発表された。この図録が日本初の解剖書である。ちなみに、東洋の人体解剖は杉田玄白らの解剖（明和8年＝1771）より、17年も早いことになる。

「山脇東洋観臓之地」は、（六角通神泉苑西入ル南側）の団地の入り口に〝日本近代医学のあけぼの〟として碑に刻まれている。

碑からすぐには「三条まいり」で親しまれる武信（たけのぶ）稲荷神社がある。駒形の絵馬「勝駒」が守護札として伝わり、勝負に勝つ、また苦難に勝つ、などのご利益がある。

「彼女、御室の桜やなぁ」、「でもかわいおす」

仁和寺の境内「桜の園」に、春遅くに御室桜が咲く。この桜は気高い白色の花を枝いっぱいにつけるが、京都では人の鼻をこの桜にたとえて「御室の桜やなぁ」と言うことがある。もし、言われたら……。

◆桜の花、花に囲まれて春遅い京の花見

京都で「御室（おむろ）」といえば、仁和寺（にんなじ）のことである。御室とは天皇や皇族が住む所という意味がある。仁和寺は代々法親王（ほっしんのう）を迎え入れた門跡（もんぜき）寺院で、元号がそのまま寺名にも使われている。このことは寺の格式の高さを示している。平安時代には、宇多法皇が仁和寺を御所に使われたことで、「御室御所」とも呼ばれる。

境内には二王門を入って左手に旧御室御所があり、中門の先に御室桜の園が広がる。京都ではソメイヨシノが散り終えた、例年4月20日頃に満開になる、遅咲

きの桜である。川端康成『古都』に、「御室の桜を見たら、春の義理がすんだ」という一文がある。御室桜を見納めにして春から初夏へ季節を感じるという京都人も少なくない。

御室桜は有明という品種が有名だが、鬱金（うこん）、御衣黄（ぎょいこう）といった緑黄色系の桜が多く、薄いピンクというより、花色は全体に白く見える。樹高は低いために、根元から匂い立つように花をつける。だから、桜の園を歩くと、ソメイヨシノのように木々を見上げることなく、立ち位置のほぼ目の前に花があるので、桜に埋もれる格好で、〝花見散策〟が楽しめる。

◆花（鼻）が低くても、だんご鼻といわれても……

すでにタイトルの意味がお分かりの方もいると思うが、樹高が低く、花を低い位置につけるので、「彼女、御室の桜やなぁ」と言われたら、〝花（鼻）が低い〟ということを意味する。また、〝お多福桜〟という別称もある。つまり、鼻が低いというだけではなく、暗に「彼女、お多福やな」とも言われていることになる。そんな失礼な！との怒りの声も上がりそうだが、まあ、冷静に。

京の童歌に次のような一節がある。

♪わたしゃ　お多福　御室の桜

花が低く咲く御室桜

花（鼻）がひくーても　人が好く

鼻が低くても、容姿は問わず、早咲きではなく、遅咲きの桜（人）であっても、白く気高い御室桜のような〝清廉さ〟が、桜にも人にも大切なことのように思える。それが人に好かれる、また愛される要因の一つではなかろうか。

仁和寺では花見の期間中は、境内で野点なども行われる。4月は霊宝館も公開しており、仁和寺の寺宝にもふれることができる。

〝おらんさん〟に乗って嵐山へ行こう

「さん」が付いているが人ではなく、嵐電のこと。春は沿線に桜並木も見られ、有名寺院も多く、京都では重宝したい、のどかな気分になる電車。嵐山へ、嵯峨野へ行くときは、駅名を楽しみながらゆられたい。

◆沿線の住民に「きょうも元気です」と告げるように走っています

京都・四条大宮駅から嵐山へ走る京福電鉄嵐山本線は、延長7・2キロ。一方、北野白梅町駅から帷子ノ辻へ走る同北野線は、延長3・8キロ。帷子ノ辻駅で嵐山本線と交わり、嵐山本線は風光明媚な嵐山へ向かう。京都では〝嵐電（らんでん）〟と呼ばれ、親しまれているが、最近は京阪電鉄の〝おけいはん〟に対して、〝おらんさん〟の愛称もある。

嵐電は開業以来、長い歴史を刻み100周年を超えた。沿線の小さな駅舎、レトロな雰囲気のある車両は、普段着の電車、飾り気がなく、健気な感じがする。ガタゴト、ガタゴトと、住宅の軒先をきわどくすり抜けるように走る姿は、〝嵐電のスリル〟と言いたいほど。沿線には龍安寺、広隆寺などの人気の古寺、太秦映画村などがあり、京都に行くたびに利用する。この路線は、短い営業路線の割に難読駅名が多いことでも有名だ。代表的な駅名を挙げると、嵐山本線では、「西院」、「蚕ノ社」、「太秦」、「帷子ノ辻」、「有栖川」、「車折」。北野線では、「御室仁和寺」、「常盤」など。さて、いくつ読めるか、お試しを。

◆どうして読みづらいんだろうな、嵐電の駅名は

答えから書く。順に「さい」、「かいこのやしろ」、「うずまさ」、「かたびらのつじ」、「ありすがわ」、「くるまざき」、「おむろにんなじ」、「ときわ」と読む。京福電鉄に問い合わせると、観光客から駅名の読み方についての問い合わせが多いという。

そこで、目立つ間違い一覧。「西院」は〝さいいん〟、「蚕ノ社」は〝のみのやしろ〟、「帷子ノ辻」は〝きじのつじ〟、「車折」は〝くるまおれ〟、「御室」は〝み

むろにんなじ〟、「常盤」は〝じょうばん〟、など。どうしてこのような駅名を付けたのか。京福電鉄では、「昔からの地名、その土地の由緒にちなんで名付けたものです」とのこと。

ここで駅名の由来に少しふれよう。北野線「御室仁和寺」の御室は仁和寺の別称。皇室、そのゆかりの人たちが住むところ、という意味がある。「常盤」は嵯

嵐電に乗って古寺めぐり

難読駅名の一つ

峨天皇の皇子で、臣籍に降下した左大臣・源常(みなもとのときわ)の山荘があったことから、周辺は「常盤の里」と呼ばれたことによる。また、駅の近くにある源光寺は源義経の母、常盤御前にゆかりがあり、ここに駅名の由来があるとする説もある。

◆駅名の由来知って途中下車も楽しい

嵐山本線ではまず「西院」。このあたり、昔は葛野(かどの)郡西院村といった。その地名の由来は、第五十三代淳和(じゅんな)天皇が譲位されたのち、お住まいになられた淳和院が「西院」と呼ばれたことによる。ちなみに、阪急京都線「西院」駅は、〝さいいん〟と読む。次に「蚕ノ社」。駅から徒歩5分にある木嶋坐天照御魂(このしまにますあまてるみたま)神社の別名「蚕の社」が駅名になっている。この神社には、織物の祖神が祀られている。「帷子ノ辻」は、平安時代の第五十二代嵯峨天皇の皇后、檀林(だんりん)皇后が崩御され、葬送の途中に棺の上に被せてあった帷子がこのあたりで風に飛ばされたことに由来する。最後に「車折」は、後嵯峨天皇の御召車の「かなえ」が折れたことによる。駅前に芸能上達にご利益があると、芸能人もお参りする車折神社がある。

京都の暑気払い「虫払会」と「かぼちゃ供養」【真如堂・安楽寺】

京都の夏は暑いが、暑いなかでも見逃せない行事が数多く行われる。とくに7月25日を覚えておきたい。極楽往生の宝印授けと、かぼちゃ供養が行われるのだ。

◆真如堂「極楽往生の宝印」にまつわる晴明蘇生の伝説

黒谷の金戒光明寺（198ページ参照）の北側にある真正極楽寺（＝真如堂。以下真如堂）では、毎年7月25日「宝物虫払会」が開かれる。普段は見られない宝物が、虫干しを兼ねて公開され、びわ湯の接待がある。

この日はとくに、陰陽師安倍晴明が閻魔大王から授けられた宝印を貫主さんから直々、一人ひとりのおでこに当ててもらう「極楽往生の宝印」の儀式が体験できる。この宝印は、一度あの世へ行った晴明が、念持仏の不動明王の懇願によって娑婆に蘇生したさいに持ち帰ったとされる。謎めいた話ではあるが、宝印の材質は明かされていない。手のひらに乗る大きさで、蘇生した晴明同様に謎のベールに包まれている。

晴明が秘印を受ける「晴明蘇生の図」（掛け軸）が本堂に祀られているが、色鮮やかで、かしこまって宝印を受ける晴明と不動明王が描かれている。

閻魔大王に晴明蘇生の懇願をした不動明王は、本尊阿弥陀如来像の脇に安置されている。普段は拝観できず、11月5日～15日「お十夜（じゅうや）」（十日十夜別時念仏会（じゅうにちじゅうやべつじねんぶつえ））で開扉される。

◆安楽寺「かぼちゃ供養」で夏の健康祈願

永観堂（151ページ参照）の近くに南側の入口がある「哲学の道」。疏水沿いに銀閣寺へ散策道が延びている。春は桜並木の散策が楽しめ、道に沿って小さな寺が点在している。その一つに、住蓮山安楽寺（非公開。春と秋に公開）がある。

この寺では、7月25日、中風除けとして、「かぼちゃ供養」が開かれる。寛政年間（1790年頃）、安楽寺の住職だった真空益随が、地元で採れた鹿ヶ谷かぼちゃを夏の土用に振舞えば、中風にかからないという本尊阿弥陀如来の霊告を受けて始めた行事で、以来、7月25日を供養日と定めて行われる。

かぼちゃは、ひょうたん型の鹿ヶ谷かぼちゃ（京野菜）を使う。昔は安楽寺周辺の鹿ヶ谷で盛んに栽培されていたが、今は住宅地に占められているため、北の岩倉あたりで作られている。鹿ヶ谷かぼちゃは、西洋かぼちゃと違い、煮たものはとてもやわらかく、歯の悪い人でも難なく食べられる。

かぼちゃ供養の参加は有料。安楽寺書院でかぼちゃをいただく。中風除けとはいえ、今日の年配者は体が丈夫なので、健康祈願が主たる目的だろう。本堂では、寺宝が虫干しされる。掛け軸を中心に20点ほどが公開される。当日の午後から掛け軸の説明もあるので、こちらもお見逃しなく。

お寺巡りで見られる築地塀になぜ白い筋が付いているのだろう？

筋塀にくっきり付けられた白い5本の水平線。
何気なく見過ごしてしまうのだが、
この線は何か意味があるのだろうか……。

◆御苑をぶらり、御所の築地塀に注目！

筋塀とはいかなる塀なのか、まずは実地見聞するために、御苑を散歩しながら広壮と伸びる御所の築地塀に注目したい。目を凝らしてみると、築地塀に白く5本の水平線が付けられている。この5本線は単なるお飾りでも、塀に付けたアクセントでもない。（念のため追記しておくが、築地塀というのが一般的で、線（または筋）が付けられている場合は、筋塀ともいう）。

さあ筋塀を確認したところで、今度は町中に出てみよう。京都には門跡寺院と

建仁寺の築地塀

呼ばれるお寺が少なくない。門跡とは皇族、摂家の方々がお寺に入り、住職を務められたお寺のことで、宮門跡、尼門跡、准門跡などに区別される。

こうしたお寺は格式が高いとされ、築地塀を作るとき、塀にその格式の高さを示すように、水平線（筋）を入れた。この筋のことを定規筋という。

定規筋は5本が最も格式が高く、中には3本、4本のお寺もある。

京都歩きで、筋塀を見たら新しい発見として注目したい。

◆築地塀を作れる貴族と作れない貴族の「格差」

京都には元号をそのまま寺名にした古寺がいくつかある。例えば、仁和寺、建仁寺、滋賀の延暦寺などである。こうした寺は格式が高いとされ、建仁寺の筋塀は5本筋が付けられている。

いったいこの定規筋はいつごろから始められたのだろうか。はっきりしたことは分からないが、そもそも築地塀は貴族の権威を示すものであったらしく、長元年間（1028〜1036）の頃、最高権力者、藤原道長はすでに亡くなり、息子の藤原頼通が政治を行っている時代には、同じ貴族でも位階が六位以下の貴族たちは築地塀さえ作ることが許されなかったらしい。

この辺りに築地塀による格差の基本形が出来上がったと推測されるのだが……。それから時代は大分くだり、江戸時代の武家政権の頃、お寺に「門跡制度」というものができた。この頃に、築地塀が誇示する“格式”の表現は寺院へと移行し、定規筋という、無言のうちに権威、格式を見せる形が整いつつあったのではないか、と思われる。さて、どうであろうか。

町家には欠かせない「簾」「犬矢来」「虫籠窓」

京都では道端の町家を見て歩くだけでも1日過ごせる。京都人の暮らしの知恵でもある簾、犬矢来、虫籠窓……。そこに住む人々の日常生活の声が聞こえてくるようだ。

◆祇園新橋、簾が下がる町家の景色

京の町家に初めて接する人は、まず祇園新橋を訪ねてみることだ。祇園新橋は辰巳明神で西へ二手に石畳の道が分かれている。一つは新橋通、もう一つは吉井勇の歌碑（85ページ参照）がある白川南通である。祇園の艶っぽい風情を感じさせるお茶屋が建ち並んでいる。およそ七十軒余の建物が肩を寄せ合うように並び、その3分の2以上が「伝統的建造物群」に指定されている。

新橋通を見よう。石畳の道150メートルほどの左右に、顔を向き合わせるように2階建ての町家が整然とした景色を見せる。これらの建物は、「本二階建町家茶屋様式」および、「本二階建町家数寄屋造風様式」などと呼ばれる建物である。前者は木造真壁（京壁）造り、2階建て、平入り形式が特徴で、2階の縁側は張り出しになっている。また後者の構造は、前者の変化型として大正時代に生まれた様式である。特徴はほぼ前者と同じだが、壁に聚楽壁を用いている。

簾は色が枯れたように変色しているが、それが味わい深い。目隠しの意味もあるが、京都の暑い夏、熱気を帯びた風をさえぎり、涼を誘うものである。むろん、2階だけではなく、1階にも見られる。この場合、夏は通りに打ち水をして涼を演出する。また、白川沿いの町家では、目隠しのために川面にかかるほど簾を垂らしているところも見られる。

◆竹で編んだ犬矢来の曲線美

祇園界隈の町家のみならず、京の街を歩いていて、よく見かけるのが、犬矢来という軒下の囲いである。板塀や塗り壁の塀の裾に設けられるもので、犬と名前が付いているので、犬のおしっこ除けと思われているが、真の目的は壁や家の裾を泥はねから保護するのが役目である。〝矢来〟とは、竹や丸太を縦横に組んだものをいうが、実際に見栄えがするのは竹矢来ではなかろうか。庇の内側から通りに斜めに差し出して置いてある。泥除けとはいえ、竹の曲線が美しい旋律を奏でているようだ。京都では、江戸中期頃に登場したといわれ、町家の外観美に一役買っている。

犬矢来のほかに、町家では数が少なくなったが、〝ばったり床几(しょうぎ)〟（鞍懸(くらかけ)ともいう）という装置も見かけることがある。これは〝揚げみせ〟ともいわれ、町家の入口脇に取り付けられた、脚が折りたためる床几である。江戸時代、商家では床几の上に商品を並べたというが、明治以降は腰掛けに使われ夏の夕涼みや、子どもが座ってスイカを食べたりした。「よくご近所さんと将棋をさしたものですワ」という年配者もいる。床几は楽しい思い出を提供した場所でもある。

◆防火対策の虫籠窓にもうひとつの理由が……

次は町家の中に入り、見学をすすめたい。堺町二条上ル亀屋町にある旧堀野家本宅「堀野記念館」は、キンシ政宗というお酒を作っていた醸造所。現在は伏見に移転したので旧本宅が公開されている。商家の内部はどんなものか。座敷、蔵などご婦人のガイドさんが案内してくれる。ここで注目は、2階の虫籠窓（むしこまど）である。

虫籠窓も町家ではよく見かける。古い町家では、2階部分が低い造りになっており、その表構えに設けられた窓である。窓といっても土で塗りこめた竪格子である。その造りが〝虫籠（むしかご）〟のように見えたことから虫籠窓の名前がある。表通りからはまったく中は見えない。が、内側の竪格子の隙間からは表がよく見える。土で仕上げてあるのは防火対策である。火災の延焼を虫籠窓で食い止めたのである。ガイドさんの話では、「この部屋には住み込みの若い人が寝起きしていたのですが、仕事が辛く逃げ出す子もいました。でも虫籠窓は頑丈ですので、この部屋からは逃げられませんでした」。かわいそうな気もするが、虫籠窓の別の効用もあったようだ。堀野記念館には食事処もあるので、昼時であれば、お昼をここで済ませるのもいいだろう。

祇園花見小路の町家風景

第4章

京都の味に「理由」あり

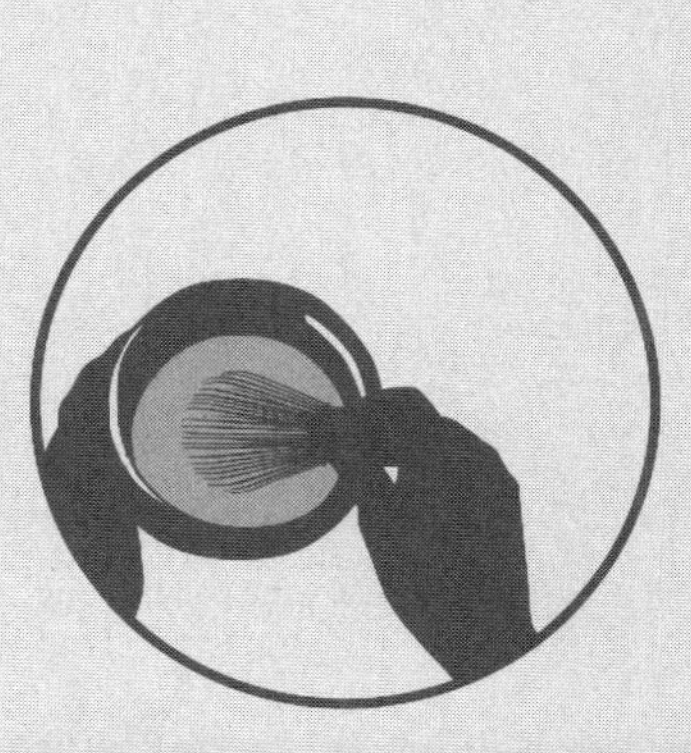

京都の朝の至福「西行庵」での法話と抹茶

京都の旅は奥深いものがあるが、西行庵での朝のお茶もその一つ。歴史的に由緒ある建物にふれながら、早朝の新鮮な空気のなかで抹茶を味わう気分をお試しあれ！

◆北面の武士から23歳の若さで出家した西行法師

西行(さいぎょう)法師には、行脚の歌人という印象がある。生まれは平清盛と同年、元永元（1118）年。清盛は生まれ年の最後の二桁を逆にした1181年に亡くなったが、西行は清盛より9年長生きして1190年に泉下の人となった。享年73。その晩年に結んだ庵が、円山公園音楽堂の南に残されている。「西行庵」という。周辺は寂たる空気がただよい、茅葺きの母屋「浄妙庵」、桃山時代の名席「皆如(かいにょ)庵(あん)」、「西行堂」の建物が建ち並ぶ。

西行は俗名を佐藤義清（のりきよ）といった。第七十四代鳥羽上皇の北面（ほくめん）の武士だった人である。北面の武士とは、院御所の北側にあった部屋の下に詰めて、上皇の警護、また御幸に供奉した武士をいう。第七十二代白河法皇が初めて設置した武士警護団である。西行は23歳のとき、北面の武士を辞して、出家する。法名は円位。のち、西行と名乗った。

◆京都で1日早起きして西行を偲び、朝のお茶を味わう

西行庵で朝のお茶が頂けることは案外知られていない。朝のお茶（抹茶）は、二人以上、電話予約をしてから参加することになる。一人８０００円。浄妙庵で朝6時（夏は5時）から始まる。最初に、西行を描いた頂相（ちんぞう）にお茶を一服供える（献茶）。次いでその日に掲げた掛け軸の説明、西行の話などおよそ40分。この後、抹茶（和菓子付き）を頂く。抹茶は、裏千家が点てた本格的なものである。茶席は別世界にいるように、心底から清浄な心持ちになってくる。

お茶を終えた後は、8時まで西行庵の案内など、2時間で終了する。なお、朝のお茶ではなく、普段に訪れて頂く抹茶は３０００円、３名から。値段の相違は、

早朝のお茶は献茶などの儀式があるためと、朝早いことによるため。お茶は夏には冷水で点てた冷やし抹茶が味わえる。朝のお茶については、夏場の一部期間中、および年末年始はお休みになることがあるので、必ず電話で確認を。

西行について、もう少し話を付け加えておきたい。西行庵のお話では、西行の有名な、「願わくは　花のしたにて　春死なん　その如月の　望月のころ」と詠んだ歌は、多くの人が辞世の歌だと思っているが、じつは出家してまもなくの歌だということだ。死ぬ間際の人がこのような歌は作らないというのがその理由である。推定ながら、西行20代での歌といわれている。

また、西行は旅から旅を重ねた行脚の歌人という見方が定着しているが、73歳の生涯でわずか2年くらいしか旅はしていない、など興味をひく話であった。

＊西行庵☎０７５・５６１・２７５４。

お昼は祇園花見小路でおばんざいはいかが

京都で食事処を探していると、おばんざいを看板にしたお店が目に付く。お昼、夜かかわらず、一度は味わってみたい。どの一品も、京のおふくろの味がするものである。

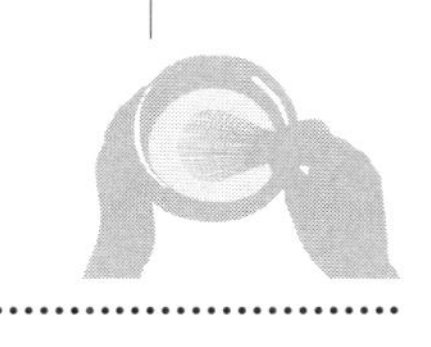

◆京都の季節の旬が食べられるおばんざい

京都の旅ではランチにすすめたいのが、おばんざいである。おばんざいとは、家庭で毎日食べる惣菜、おかずをいう。漢字では、〝お番菜〟と書くことがある。〝番〟という字は、番茶とか番傘と同様に粗末なものに冠するときに使う。粗末というのは語弊があるが、京都ではおふくろの味でもある。また、おばんざいのことを〝おまわり〟ともいう。おまわりとは、宮中でごはんのまわりにおかずを並べていたことに由来する言葉である。

おばんざいは、四季それぞれに旬の味わいがある。たとえば、春はとり貝と赤貝のてっぽう和え（今ではほとんど使わないが、京都ではてっぽう和えのことを、おてっぱい、といった。〝ぬた〟のこと）、竹の子の精進炊き、夏は賀茂なすの田楽、秋はズイキの煮物、冬はふろふき大根、鯛かぶら……など。ごはんのおかず、お酒の佳肴に申し分ない。煮たり、炊いたり、焼いたりと、季節の味わい方を知らせる京料理のカレンダーである。

◆京都の暮らしの知恵があった毎月決めた日の食べ物

今ではしきたりの食習慣が薄れ、ほとんど消えたが、京都では1ヶ月の中で決まった日に食べるおばんざいがあった。朔日（さくじつ）（おついたち）は、新たな出発の日であり、小豆ごはん（京ではあずのごはんという）を炊いて、なます、ニシン昆布（身欠ニシンと刻み昆布）を食べた。小豆ごはんには、マメに暮らせますように、なます＝（渋く）、コンブが訛ってコツコツと倹約に努めて暮らすようにとの願いが込められている。8の付く日はあらめ（海藻）とお揚げの炊き物を食べる。これは、8、18、28日と10日に一度は海藻を食べて健康に留意するという意味がある。15日はまた小豆ごはんといもぼう（小芋と棒鱈の煮物）を食べる。15日は月の真ん中、マメに暮らしているか、反省をしつつ、晴の料理いもぼうを食べて元気にとの思いがある。

際の日（月末）には、おからが膳にのぼる。おからは別名〝きらず〟（雪花菜）ともいう。豆腐殻の〝殻〟が〝空〟につながることを嫌い、おからは料理をするにも切らずにすむことからの別称である。また、おからは〝煎る〟という。これには月末の集金がうまく入るようにとの願いもある。いろいろこじつけもあるが、毎月、食べるものを決めておけば、いちいち献立を考えなくてもよいという合理的な発想だとする説がうなずける話ではある。

◆お昼ごはん、夜の一杯におばんざい店

それでは、評判のよいおばんざい店に入ってみたい。祇園は花見小路にある小体な町家の店「御飯処　山ふく」では、お昼ごはんに予約のお客20食限定で、〝*おきまり〟（1800円）のみを出している。季節に応じた味が堪能できる。夜はフリーで、おばんざいを肴にお酒が飲める。焼き笹かれい、じゃこおろし、なっ

祇園「一力」の一本南側の路地にある「山ふく」

ぱ菜、湯豆腐、各種の煮物など。おばんざいは小鉢で出され、一品一品に手仕事の丁寧さが盛り込められている。一品５００〜６００円。

●御飯處山ふく☎０７５・５５１・０８７６。

＊おきまり、とはいわば定食といった意味。

「さば寿司」誕生の道・鯖街道

福井県小浜から山越えし、大原を経由して京都市内に至る鯖街道。街道沿いには所々にさば寿司で知られる店がある。京都でも老舗の味としてさば寿司が愛されている。

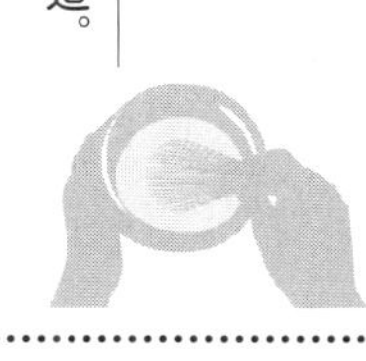

◆日本海の幸と潮の香りを運んだ鯖街道

京都に〝若狭のひと塩もん〟という言葉がある。日本海に面した福井県小浜の港に水揚げされた鯖をメインに、若狭かれい、ぐじ（甘鯛）などが、ひと塩ふられ、峠越えの街道を京都へ運ばれた。その街道のことを「鯖街道」という。小浜（起点はいづみ商店街）を出発し、熊川、朽木、葛川から花折峠を越えて大原の里をたどり、八瀬に通じる若狭街道（国道27号・303号・367号）のことだ。

鯖街道という名前は比較的新しく戦後に付けられたようだ。しかし、街道自体は古くから存在していたといわれ、奈良・平城京から若狭の魚名を記した木簡が出土しているという。

今では車であっという間に通過するが、歩きの時代は難儀な道中だったに違いない。しかも荷を背負っての道中である。〝京は遠ても十八里〟、小浜から京都七口の一つ大原口まで、途中で宿をとる人もいたが、夜通し歩いた人もいた（鯖街道口の道標は、出町橋の西詰に立っている）。出町柳に近い、寺町今出川あたりまでおよそ80キロの道のりである。河原町通今出川の北に、「鯖街道の終着点」と、鯖街道の名残を告げる（垂れ幕が出ている）「枡形商店街」（アーケード街）がある。アーケードは河原町通から西へ、寺町通まで延びる。商店街にはさば寿司を扱う店が見られる。

◆家庭料理としてごちそうだったさば寿司

ひと塩ふられた鯖は、大原口に着く頃には、ほどよく塩が浸透し、塩鯖となり、焼き鯖にはちょうど食べ頃の旨さになっていたという。今のように冷凍設備がない時代である。塩をふりかけ、日持ちをさせたのである。京都では貴重な海の夕ンパク源であった。そして、京都人たちはこの鯖を利用し、家庭料理としてさば寿司を作ったのである。町内のお祭りがあると、さば寿司が膳を飾ったものと、

評判の高い「いづう」のさば寿司

焼きさば寿司を出す店もある

京都の年配者たちは口々にいう。子どもたちにとって、さば寿司はとびっきりのごちそうだったに違いない。

大雑把ではあるが、さば寿司は三枚におろした鯖にほどよく塩をふり、酢に通して締めた後、棒状に形を整えた酢めしの上に載せて昆布で巻いて出来上がる。分厚い鯖の身と酢めし、昆布の味が一体となって美味しさを2倍、3倍に引き立てる。とくに、鯖の厚みが食べごたえを感じさせる。酢の加減が、おいしさの出来不出来の分かれ目のように思える。

京都でさば寿司といえば、祇園・切通しに店を構える老舗、創業が天明元（1780）年の「いづう」が有名である。いづうでは持ち帰りもできる。さば寿司は一人前2430円。持ち帰りの場合、当日を含めて2日間が賞味期限。2日目になってごはんが固くなったら、少し炙って食べるとおいしいらしい。夏7～8月には、はも寿司もある。京都を訪ねたら鯖街道の長い旅路に思いを馳せつつ、さば寿司を味わってみてはいかがだろう。

真夏の別天地「貴船の川床」で鮎の塩焼きを

貴船川の流れに乗って湧き上がる冷気が川床を包み込み、座敷で味わう川床料理。京の夏の贅沢である。お昼ごはんにちょっと足を貴船に向けてみませんか。

◆貴船の川床は5カ月のロングラン営業

京都の夏は蒸し暑く、とめどなく汗が流れる。この暑さをいかにしのぐか。その一つが川床(ゆか)である。川からの涼風を利用して過ごす、京都人の夏の知恵である。単に過ごすだけでは能がない。ということで、涼を兼ねて料理、お酒を楽しむ。その舞台は鴨川の納涼床、貴船の川床の二カ所が代表的な場所である。

納涼床は一説に桃山時代からの歴史があるといわれる。一方、貴船の川床は比較的新しく、戦後から次第に現在のスタイルになったという。その前は貴船川に床几(しょうぎ)を置いて、足を浸して過ごす程度だったらしい。貴船川は鴨川の源流である。渓流は清く澄んでいる。ザアザアザアと音を立て、川から巻き起こる冷風は、まさに真夏の天然クーラーだ。この涼しさは自然の贈り物であり、川沿いには5月1日から9月25日頃（30日まで営業の店もある）まで「川床」が出る。

京都市内に比べて気温は4度前後は低いといわれ、汗が噴き出る市内を逃れて、川床での昼食と、食後の束の間のごろ寝で暑さを忘れるのはどうだろう。現在、川床を出す料理旅館、料理屋は十三軒余りある。

◆水の冷気を肌に感じて川床料理と流しそうめん

川床料理は、川沿いの座敷まで運ばれてくる。先付、八寸、炊合わせ、焼き物、揚げ物など、各店で趣向を凝らしている。特徴は川魚料理で、貴船自慢の味の一つが鮎の塩焼きだ。臭みはまったくない。塩加減はほどよく、身はほくほくしている。これにビールを合わせると、言うことなし！　鯉のお造りを楽しめる店もある。お昼の料金は月により、また、料理内容により異なる。目安として、4000円～1万円ぐらいとみておきたい。

川の流れの涼感がたまらない貴船の川床

川床では流しそうめんも格別である。「ひろ文」という店で味わえる。流れてくるそうめんをすくい取るのは、幾つになっても童心を誘う。そうめんは次々に腹におさまる。まるで川床の食べるゲームのようだ。

汗もすっかり引いた頃、川床から表に上がると、さすがに蒸し暑い。貴船神社本宮にお参りして帰りたい。余談だが、地名の貴船は「きぶね」というが、貴船神社は「きふね」と濁らない。この神社におもしろい占いがある。「水占(みずうら)みくじ」というもので、境内の霊水に浸すと、文字が浮かび上がる。運試しにいかがだろう。

75

京都の粉文化を確立「京都人のパン食い」

京都を歩けばパン屋に当たる。
それほど市内にはパン屋が目に付く。
ふんわかと味もいろいろ、パン食べ歩きも注目！

◆京都のハイカラ好み・新しい物好き気質

河原町三条周辺のホテルに宿泊したときは、「志津屋」三条店というパン屋に一度は顔を出す。この店はHPをみると、昭和23年創業、京都に根付いたパン屋だということが分かる。私事ながら、この店のトンカツサンドが好きで、ホテルに持ち帰り、食べる。肉の分厚さも気に入っている。

もう1軒紹介すると、京都では誰もが知っている「進々堂」は、日本で初めてフランスパンを製造販売した。京大北門前にある喫茶店では、コーヒーとパンを前に、本を広げる学生が目に付く。余談になるが、進々堂と黒七味の原了郭（四条・祇園）がコラボした「黒七味ラスク」は、辛みとごま油の風味が香ばしい味で、好みの一つである。

市内のパン屋の軒数ははっきりとは分からないが、推定２８０軒前後ではないかと、言われている。都道府県別パン消費量ランキング（２０１４年度統計）では、京都（京都市）が堂々の１位である。ちなみに最下位は福島だった。京都はどうしてよくパンを食べるのか。その理由は自営業者、商人、学生が多いが挙げられている。

京都人のハイカラ好み、新しい物好き気質は、２４１ページの「日本初……」でも取り上げた先進性とも重なり、パン好みもその一環だといえるだろう。２０１７年初め、京都新聞電子版に記載されていたが、京都人は洋食を一番に好むらしい。和食の町に住みながら、洋食を好むのは、これも京都人が持つハイカラ気質と一脈通じるものがある。

大正製パン所のカレーパン

◆西陣のカレーパン、冷やしあんぱん

取材の最中、お昼ごはんは取らず、時間との勝負になるので、パンを買って簡単に済ますことが多々ある。千本今出川そばの「大正製パン所」は、近くに行ったら立ち寄ることにしている。本書で取り挙げた猫寺（98ページ参照）、釘抜地蔵（359ページ参照）からも近い。

今出川通は「パン・ストリート」とも呼ばれるほど、道沿いにパン屋が多い。「大正製パン所」

もその1軒。大正8（1919）年創業、京都のパン屋では、老舗に入る。「西陣のカレーパン」として知られているが、カレーパンは、今から35年ほど前に登場したらしい。中辛と甘辛（子供向け）がある。

中辛はほどよい辛さで、カレーの味が味わうほどにジワリ、ジワリと喉奥でパン生地と絡んでくる。カレーパンの味を体に染み渡らせる感じがする。カツカレーパンもいい。京都のカツ、またはハムサンドは厚切りになっているので満足である。カレーパンは焼いた後、パーム油で揚げているため、油のしつこさがない。地方発送もしてくれる。

店では暑い京都のアイデアパンとして、冷やしあんぱんを売り出している。粒あんをくるむようにクリームがたっぷり。冷蔵庫で冷やすと、クリームの甘みと冷たさがパンに絡み、溶けるように喉元を落ちていく。夏、汗びっしょりの京都では、バテ気味の体を回復させるパンでもある。

京都で「信太」と注文したら何が出てくる?

お店で信太といえば「はい、分かりました」と答えたものだが、今や京都でも理解できない世代がふえているという。信太とは、安倍晴明誕生のキツネ伝説にまつわる言葉なのだが……。

◆甘ギツネ、刻みキツネ、たまに信太と注文する客がいる

京都にはうどんのおいしい店が点在している。関東の醤油色をしたつゆとは違い、昆布、カツオの風味を利かせた薄味のつゆは、白く艶を放つうどんと絶妙のコンビである。あるとき、京都駅構内のうどん店で忙しくうどんを食べる人を見ていたら、鉢のつゆがほとんど無くなっていた。飲み干したのだろう。関東の〝つゆ残し〟とちがい、薄味のつゆは鉢の底が見えるまで飲み干す人が少なくない。

祇園にある「権兵衛」は観光客を多く見かける店である。2階には簾が下がり、店先に赤い提灯がぶら下がっている。この店のメニューに、いわゆるきつねうどんが2種類ある。甘ギツネと刻みキツネである。甘ギツネを注文すると、四角い油揚げが2枚載ったきつねうどん、刻みキツネを頼むと、刻んだ油揚げが載ったものが出てくる。ちなみに、きつねうどんと注文すると、甘ギツネが出てくる。メニューから消えてしまったが、権兵衛を贔屓にする年配者の中に、「信太ください」と、頼む人がいる。信太とはきつねうどんのことだ。若い店員さんは、信太といわれても、何のことやら分からないらしい。

◆晴明の母は信太の森のキツネだった！

常連のお客さんはなぜ、きつねうどんのことを〝信太〟と、暗号めいた言葉で注文したのだろうか？　この信太という言葉は、謎深い陰陽師安倍晴明と関係がある。

晴明の母は人間の女に化けた狐だというのである。晴明の父安倍保名が、大阪・和泉の地（現在の大阪南部）の信太明神にお参りしたとき、妙齢の女性と出会う。保名はこの女と結婚することになり、誕生したのが晴明だという。女はじつはキツネの化身だったのである。この話、別の内容もあるので、一説としておきたい。

あるとき、母は正体がバレたので、自分のふるさとである信太の森に逃げ帰ってしまう。「恋しくば尋ね来て見よ　和泉なる信太の森のうらみ葛の葉」と、言い残して。父保名と幼い晴明は母を探しに信太の森へ出向くが、母はふたたび晴明のもとに戻ることはなかった。その代わり、母は晴明に秘符を授け、水晶玉を手渡したといわれる。

晴明の母がキツネだったとする伝承は、「信太妻」、浄瑠璃「蘆屋道満大内鑑（あしやどうまんおおうちかがみ）」などに登場する話である。

母が授けた秘符が効力を奏したか、晴明は当代随一の陰陽師となった。晴明の生誕話、不死伝説、秘法伝授の話など、多種多様に論じられることが、陰陽師安倍晴明の人物像を膨らませているのは確かのようだ。

京漬物「すぐき漬」と上賀茂・社家の家並み

上賀茂神社に参拝し、社家の家並みを歩く。そこにはすぐき漬の店がある。すぐき漬は上賀茂が本場。ここでぜひ一つ求めたい。あの食感と特有の酸味がたまらないのだ。

◆上賀茂神社の社家で栽培されたすぐき菜

京漬物の代表的なものを三つ挙げると、しば漬、千枚漬、すぐき漬がよく知られる。京都三大漬物とも評される。そのうち、すぐき漬は、洛北・上賀茂地区一帯の名産品である。すぐき菜はカブの一種で、成長すると根の長さは20センチほどになる。大根よりも短く、円錐形をしている。葉っぱは緑濃く、根と比べて大きく成長する。このすぐき菜、歴史は古くあなどれない。

今から約430年前の安土桃山時代、上賀茂神社に仕える社家（しゃけ）の人が賀茂川の河原で見つけたカブに似た植物を持ち帰り、植えたのが始まりとする説がある。他説もあるが、社家で栽培されたのは定説となっている。栽培は次第に一般農家にも広まった。が、文化元（１８０４）年、京都所司代の命令が出され、上賀茂の地から他所へすぐき菜を持ち出すことが禁じられたという。すぐき菜が上賀茂の貴重な野菜として認識されたのだろう。

すぐき漬は、江戸時代初期に上賀茂で誕生している。すぐき菜は料理の食材には味気なく適さないことが分かり、漬物にしたらどうだろう、となったという。これがすぐき菜を活かすことになった。江戸中期以降になると、社家の間ですぐき漬が盛んに作られ、贈答品にも使われたようだ。

◆さっぱりした塩加減と深みのある独特の酸味

すぐき菜の種まきは8月末から9月初旬にかけて。芽が出ると間引きを3回ほど行う。すぐき菜の善し悪しを見分ける作業である。成長したすぐき菜は、11月～12月にかけてが収穫時期になる。種蒔きから約80日、収穫のさい、夜露に当たった葉っぱが折れやすい午前中は行わず、陽光を浴びてしんなりした頃を見計らって作業が行われる。

収穫したすぐき菜は表皮をむいた後、大樽（いため桶という。いため、とは昔から漬物店に伝わる言葉で四斗樽のこと）に塩を多めにふり一昼夜漬け込まれる。荒漬けと呼ばれる作業だ。これはすぐきの繊維質を柔らかくする役目がある。荒漬けの後、樽から取り出して一本一本を水洗いして本漬けに移る。樽には隙間なくすぐき菜を渦巻状に並べ、一段ごとに塩をふりかけ、およそ四段に重ねる。最後に空気に触れないように葉っぱで覆い、蓋をして重石で圧力をかける。

重石は「天秤押し」と呼ばれる。長さ4～5メートルの丸太の棒を使い、一方の端を固定し、もう一方に重石を付けて樽の蓋を押さえる。塩漬けが終わると室に1週間ほど入れて発酵させ、すぐき漬特有の酸味が生まれるのを待って出荷される。

◆一本漬のすぐき漬は必ず縦に切ることが肝心

12月初旬、すぐき漬の新漬が店に並ぶ。社家の散策道にある「御すぐき處なり田」で、「すぐき漬けは横に切らず、縦に切ってください」とアドバイスされた。

すぐき菜の姿のままの一本漬

刻みすぐき漬は別だが、一本漬は横に切ると筋が切られるために食感が悪くなり、酸味も薄くなるといわれる。季節が冬から夏へ向かうと次第に酸味が深まり、新漬とはまた違った風味が楽しめる。ごはんのおかずによく、お茶漬けによく合う。

先のなり田の前は社家の家並みがつづく。水量豊富な明神川が流れ、古格な土塀で仕切られた社家（現在は一般の民家もある）の一群は、「上賀茂伝統的建造物群保存地区」に指定されている。

南禅寺逍遥を愉しみ、静かに湯豆腐を味わう

南禅寺や永観堂などの周辺を散策してのお昼ごはんは、南禅寺門前の湯豆腐を味わいたい。薬味の九条ネギ、七味唐辛子が湯豆腐の味をいっそう引き立てている。

◆朝の静かな南禅寺をめぐり、湯豆腐店へ

朝9時頃、南禅寺の境内を歩いていると、人影が少なく禅宗古刹の品格というものが感じられる。松林に三門が凝然(ぎょうぜん)とたたずむ。「三門」とは、空(くう)・無相(むそう)・無(む)作門(さもん)の三解脱(げだつ)門を意味する。三門を入り、涅槃(ねはん)（悟りの境地）とされる本堂へ向かうのである。

この三門に話がおよぶと、すぐに石川五右衛門と結びつけられるが、大切なのは禅宗建築である「礎盤(そばん)」を見ることだ。礎盤とは、太い列柱の下端部分、柱と礎石の間に設けた石の盤で、柱の腐敗を防ぐためのものである。南禅寺三門の礎盤はちょうど算盤（そろばん）珠のような形をしている。これがあの巨大建物を支えているのか、と驚く。三門につづき、本坊、水路閣などを回れば、昼時になる。

南禅寺界隈でのお昼は、湯豆腐である。室町時代の末頃、あまりに広大な境内を持つ南禅寺には境内を管理する「番屋」があった。番屋は一番から三番まであり、番屋の副業に豆腐作りが始められたと伝わる。豆腐はやがて、東海道を往来する旅人にもてなされるようになった。寛永年間（１６２４〜１６４４）頃の話だという。この豆腐作りが、南禅寺周辺に点在する湯豆腐店の下地を作ったのである。

◆温かにゆるりと時間が流れる湯豆腐ランチ

湯豆腐の看板を掲げる店は数軒ある。そのうちの一軒、創業が寛永12（１６３５）年という「総本家ゆどうふ奥丹南禅寺店」は南禅寺北門の手前にあり、南禅寺湯豆腐の老舗である。豆腐は近くにある自らの工房で作っており、自家製である。

湯豆腐は、「ゆどうふ一通り」というメニュー名で3240円。ゆどうふ、木の芽田楽、とろろ汁、胡麻豆腐、精進天ぷら、ごはん、香の物といった内容。湯豆腐は薬味に九条ネギの刻み、七味唐辛子を入れるだけで、これが南禅寺湯豆腐に用いられる昔からの薬味である。この薬味でふくよかな湯豆腐をつるりと喉越しも柔らかに味わう。不思議なもので、湯豆腐は一切れ食べると、また次の一切れが欲しくなる。九条ねぎの風味は湯豆腐との相性がいい。

奥丹の「ゆどうふ一通り」

ここでは慌ただしい日常を離れて、京都に根付いた南禅寺の名物味を堪能すべく、スローに流れる時間を過ごしたい。お一人でも、二人連れでも……。

京都のごちそう「わらじや」のうぞうすい

豊臣秀吉との逸話が残る老舗「わらじや」。うぞうすい一筋、400年余の年月を重ねてなお、お客を惹きつける名物味を一度食べてみなはれ。満足しまっせ。

◆わらじならぬ、靴を脱いで2階の座敷でランチタイム

京都駅方面から七条通に歩をすすめ、三十三間堂へ向かう途中、長い歴史を偲ばせる木造の建物に、白いのれんが下がる「わらじや」がある。うぞふすい、と書いた年季の入った看板が目に付く。大きなわらじもぶら下がっている。店を始めて400年余を積み重ねてきた老舗である。

開業当時は、西国街道のお茶屋だったという。おそらく、三十三間堂のお参りの後先に、旅人が立ち寄ったのだろう。旅のわらじを脱いでここで一服。また、太閤秀吉が方広寺大仏殿へ参拝へ向かう途中、この茶屋でわらじを脱いで休んだとも言い伝えられ、屋号のいわれとなっている。女将は「よう分かりまへんわ」と一言。

わらじやのメニューは、「うぞふすい」だけである。お一人6706円。お昼ごはんの時間帯に店先を通ると、中高年の客が目に付く。店内は小綺麗で、2階には個室も用意されている。ま、座敷でゆっくり味わいたい。

◆う鍋の絶妙のスープ、食べごたえあるうぞうすい

さて、うぞうすいである。注文をすると、抹茶とかわいい落雁が出てくる。抹茶を味わいつつ、部屋を眺めるのも楽しい。やがて、先付け、吸い物が出され、最初の「う鍋」が出てくる。木の棒を井桁に組んだ鍋敷きに乗った土鍋に、うなぎの筒切りの白焼き、焼きネギ（九条ねぎ）、焼き麩が入っている。うなぎは、すーっと喉を過ぎていくほど柔らかい。すまし仕立てのスープは、あっさりしている。このスープを二杯三杯とお代りして、飲み干す人も少なくない。これを食べると、一度下げられ、今度はうぞうすいとして出てくる。

うぞうすいには、割きうなぎ、ごぼうの笹がき、ニンジン、しいたけ、ご飯が入り、卵でとじて、三つ葉が散らしてある。雑炊は季節に関係なくおいしく、汁を含んだご飯が量的に増えているうえ、お餅まで入っているので、結構な腹具合になる。満腹気味のお客さんが多く、「食べ過ぎたかしら……」と、お腹をさする女性も。ひと通り食べ終わると、デザートにフルーツが出てくる。フルーツをいただきながら、うぞうすいの余韻を楽しむ。う鍋&うぞうすいは、予約不要。お昼と夕刻から夜の営業。週末と祝日はお昼からの通し営業。ただし、火曜休。注文は二人前から。

400年守り伝えた味だ

80

京の味「八ツ橋」今昔物語

京都ではおみやげ選びで常連の八ツ橋。焼き八ツ橋、生八ツ橋どちらも人気がある。市内には生八ツ橋のテイクアウト店も登場。八ツ橋の新しい展開が見られるのだ。

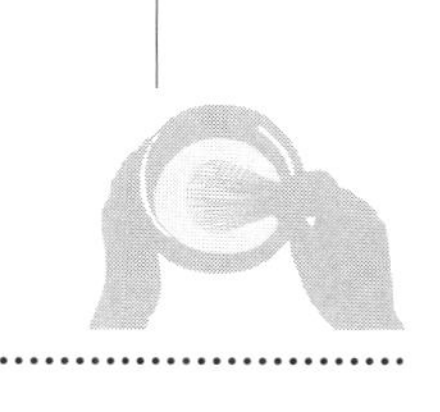

◆京みやげ八ツ橋誕生に二説あり

京都を代表する味であり、おみやげに重宝される八ツ橋。その起源となるいわれは、大きく二説ある。一つは箏曲（そうきょく）八ツ橋流の創始者八橋検校（やつはしけんぎょう）に由来し、そのため八ツ橋（煎餅）はお琴の形をしているとする説。もう一つは、謡曲「杜若（かきつばた）」に登場する三河国八橋縁起、親と子の絆を説いた故事に由来する説である。

まず最初は、有名店「井筒八ツ橋本舗」に伝わる八橋検校の説から。八橋検校は箏曲の名曲「六段の調（しらべ）」、「八段の調」などの作曲者で知られる。慶長19（16

14）年、今の福島県いわき市に生まれ、盲人として最高位の検校（けんぎょう）の地位に昇進した。

ある朝、検校が洗顔のために井戸に行くと、世話になっている茶店・井筒屋の主人岸野治郎三が米櫃を洗っていた。米櫃から残り米が洗い流されるのを知った検校は、「もったいない。残り米に小米、砕米を足して、蜜と桂皮末（けいひまつ）を加えて堅焼き煎餅を作ったらどうか」とアドバイス。そして出来上がったのが、八ッ橋の原点といわれている。

◆八橋検校に由来する琴の形説に決定

八橋検校は貞享2（1685）年6月12日、72歳で亡くなる。検校の教えで誕生した堅焼き煎餅は徳川八代将軍吉宗の頃、「八橋」の商品名で大流行（1716年以降と推定）した。形は現在のように琴の形になっていたようだ。

井筒八ツ橋本舗は文化2（1805）年の創業の老舗。198ページで紹介した黒谷さんこと金戒光明寺塔頭常光院（八ツ橋寺）において、毎年6月12日検校の命日に「八ツ橋祭」を開催している。なお、八ツ橋検校の墓は、金戒光明寺三

和菓子店ばなれした外観の「ニキニキ」

重塔の裏手にある。

八ツ橋の店をもう一軒、「聖護院八ツ橋総本店」がある。創業は元禄2（1689）年と指折りの老舗である。八橋検校が眠る金戒光明寺への参道にあたり、往来する旅人、寺への参詣者に八ツ橋を出したといわれる。この店も八橋検校を偲んで作った干菓子とし、検校説を唱えている。

三河国説は、聖護院にある「本家八ツ橋西尾」が唱えている。二説があるものの、昭和24（1949）年、八ツ橋の業者が集まって会議を開いている。その席で八ツ橋の由来は、八橋検校にあると決定したようだ。

◆八ツ橋の新スタイル生八ツ橋のテイクアウト店が登場

八ツ橋は焼き煎餅に加え、最近は生八ツ橋が店先に多く並べられている。ニッキ、抹茶、黒糖味の生八ツ橋があり、たっぷりのつぶあん入りが売れ筋だ。このつぶあん入りの生八ツ橋は昭和35年頃から売り出されたという（聖護院八ツ橋総本店の話）。

聖護院八ツ橋総本店では、生八ツ橋を1個からテイクアウトができる店も開店させた。四条通の高瀬川のそばにある「ニキニキ」という店。生八ツ橋は5種類。シナモン、抹茶、ロゼ、アズール、セサミとあり、これにあん、コンフィなどを好みにより組み合わせて注文する。八ツ橋は新展開を見せている。

81

庶民派門前の味「さば煮定食」と「一本うどん」

お上品な京料理の一品一品に目と舌を楽しませるのも京都だが、安くておいしい庶民の味を食べるのも京都である。いずれ劣らぬ味を堪能しに、京都への旅をしたいものだ。

◆上賀茂神社にお参りしたらさば煮定食とやきもち

上賀茂神社の西側に何の変哲もない食堂がある。「今井食堂」という。創業以来50年足らず、口コミで広がった名物味がある。さば煮定食である。11時に店を開けるが、日によっては開店前からすでに数人が列を作っている。さば煮は大鍋で作る。鯖の切り身を大鍋に入れ、醤油、砂糖、みりんで味を調えながら3日間煮込む。じっくり煮込んださば煮にコロッケ、またはチキンカツを付け、お新香の内容。味噌汁を希望の人は110円プラス。店内はカウンター席になっている。

さば煮定食が売り切れ次第閉店する。昼時は少し早めに行くように。

今井食堂の南にある「神馬堂（じんばどう）」は名物やきもちの店。店頭で忙しく餅を焼く姿が見られる。上賀茂神社のお参りの後、甘味が欲しくなるのか、この店に立ち寄る人は多く、やきもちの中にたっぷり入ったつぶあんがあとをひく。

たわらや名物の一本うどん

◆北野天満宮にお参りの後は、たわらやうどんと粟餅

ここからは北野天満宮の一の鳥居門前へ。御前通に面して築400年とも伝えられる町家の店がある。うどん店「たわらや」である。名物は一本うどん。うどん麺1本の長さは、約30センチ。麺が極太のために、お腹は意外にも満足する。うどんには具は

一切入らず、薬味のしょうがを加えて食べる。つゆは京風の薄味。あっさりとおいしく飽きない。

うどんの後は餅屋へ。一の鳥居門前に甘味処「粟餅所　澤屋」がある。店の記録によれば、天和2（1682）年には、北野天満宮の参道で粟餅を販売していたという。店内では店の家族が慣れた素早い手つきで粟餅をちぎり、ちぎった粟餅はきなこ、こしあんに手際よくからめられる。店内は狭いが、出来立てが味わえる。粟餅はきなこ2個とこしあん3個が出てくる、抹茶付きセットもある。天満宮お参りの一服にどうだろう。

四人で一卓を囲む萬福寺「普茶料理」

普茶料理は中国から伝わった料理だから料理名も異国の趣。一品一品大皿に盛られて出て来る。体にやさしい健康食、また長寿食といわれ人気が高いのだ。

◆高僧隠元禅師が伝えた普茶料理

萬福寺は宇治市内、京阪宇治線黄檗駅から徒歩5分のところにある。この寺で普茶料理を味わうには、食事と拝観を含めて1日のゆとりを持ちたい。臨済宗、曹洞宗と並ぶ禅宗の一つ、黄檗宗大本山萬福寺は、中国福建省から懇請されて来日した隠元禅師（1592～1673）が開いた寺である。禅師とは、智徳の高い僧に与えられる称号である。隠元は食文化にも精通した高僧で、インゲン豆、煎茶、西瓜、普茶料理などを日本に伝えた。

普茶料理とは中国風の精進料理である。長崎の郷土料理「卓袱料理」の原型ともいわれる。〝普茶〟とは、〝普く（＝広く）大勢の人にお茶をお出しする、といった意味がある。お寺で行事、法要の後に参加者が一堂に会し、茶礼という儀式を行い、その後に供される料理を「普茶料理」という。行事、法要が無事終了した後、お茶を喫しながら一休みし、料理で慰労するといった感じである。

◆にぎやかに卓を囲んで食べるヘルシーな料理

普茶料理の基本的な作法は、一卓を何人かで囲む。和気藹々と、大皿に盛られた料理を自分の箸で取るか、葛かけのような料理は、蓮華を用いる。料理の食材に肉、魚の類は一切使用しない。主に野菜、大豆の加工品などである。内容は日本の精進料理に近いが、華やかな色どりで見た目にも美しく、一般的な精進料理の質素なイメージとは異なる。また普茶料理には〝○○もどき〟の料理がある。例えて言えば、うなぎの蒲焼に似せた料理、かまぼこに似せた料理など、限られた食材を本物の味に近づける工夫した味で大いに満足させる。

料理のメニューは「菜単（ツァイタン）」という。料理内容は、1、筝羹（シ

ユンカン）＝旬の野菜や乾物の煮物。2、麻腐（マフ）＝ごまの香りと旨味が広がる豆腐。3、寿免（スメ）＝唐揚げが入っているすまし汁。あっさりした味わい。清湯（チンタン）ともいう。4、浸菜（シンツァイ）＝季節感を感じさせる食材を使う浸し物。5、雲片（ウンペン）＝調理のさいに残ったものを細かく刻み、葛でとじたもの。6、油餤（ユジ）＝梅干しや饅頭などの変わり食材を使った天ぷら風の料理。7、水果（スイゴ）＝果物と甘味のデザート。飯子

大皿の料理を取り分けながら食べる普茶料理

（ハンツゥ）＝ごはんは、行堂（ヒンタン）という持ち手付きの桶に入っており、茶飯や野菜と合わせたごはんなどが出る。

普茶料理はひとり５４００円、７５６０円。手頃な普茶弁当（３２４０円）もある。予約が必要で、２日前までに二人以上で（お弁当は一人から）。食事時間は11時30分から14時30分。13時までには卓につくこと。萬福寺☎０７７４・３２・３９００。

83 春を食べる「竹の子料理」を堪能する

京都の竹の子料理は、洗練されている上に、味付けも繊細である。洛西・大原野ののどかな風景を楽しみ、春の滋味を蓄えた竹の子料理の会席が一人でも味わえる。

◆竹の子会席料理、または竹の子弁当の贅沢

竹林の景色は京都の見どころである。洛西・嵯峨野の竹林には散策道があり、嵯峨野から南に下った大原野周辺には竹林公園がある。竹の里である。竹の子料理の老舗もある。創業が明治５（１８７２）年、竹の子料理の「うお嘉」である。店の方に尋ねると、「竹の子料理が広まったのは、昭和に入ってからのこと」といい、現在のように竹の子料理として提供され始めたのは戦後からという。地元ではそれまで煮物やすき焼きに入れて食べていたようだ。

洛西の竹の子畑（こういう表現をしている）では、竹の子は早くも正月に顔を見せるそうだ。が、いちばんのシーズンは3月下旬から5月半ばにかけて。竹の子の味に馬力があり、旬の瑞々しさを堪能できる。うお嘉には各種の竹の子料理がある。たけのこ会席「匠」コースは、先付、八寸（たけのこ田楽3種）、朝掘りたけのこ造り、名物の朝掘りたけのこ鏡煮、たけのこのからすみなど、豪華な内容で1万5000円（税・サ別）。女性にも食べやすく好評の竹の子料理である。

手軽におすすめは、たけのこ弁当（5000円・税サ別）。たけのこ田楽、若竹煮、たけのこお造りなど、内容は充実。こちらも好評だ。いずれも竹の子は、歯ごたえが柔らかく、地元の郷土料理として京の春から初夏の丹精込めた味わいが楽しめる。竹の子料理は予約が必要。うお嘉☎075・331・0029。

◆朝掘りの〝シロコ〟は極上ランクの味

竹の子料理を食べる時の四方山話に、竹の子の話題を一つ。京都では、竹の子掘りは、竹の子が地面から顔を覗かせる寸前を狙って掘り出す。これは、竹の子が空気や光にふれると〝アク〟が強くなるといわれ、地面の下にある柔らかで、真っ白い竹の子が価値があるとされる。いわば、赤ちゃんの肌のように柔らかな竹の子を地元では〝シロコ〟と呼んでいる。

シロコが出まわるのは、3月下旬から5月上旬。シロコを掘るために、まだ夜が明けやらぬ暗いうちに竹林に入る。竹林を見回しながら、芽を出す寸前の竹の子を見つけて掘り出す。これが竹の子の〝朝掘り〟といわれるもので、極上の味が期待できる。朝早くに収穫した竹の子は、早くに料亭に納められる。新鮮さはいうまでもなく、その日の昼食に間に合わせるために、調理時間を考慮している、といわれる。シロコは、うお嘉では料理長のおすすめコースなどで味わえる。貴重な竹の子だけに値も張り、何度も食べられるものではない。出会える日が来ますように、いつか……。

84

口どけと風味のよさ際立つ水ようかん「涼一滴」

滋養ある水分補給のように、さっぱり、消えるように溶ける水ようかんがある。その名も「涼一滴」。夏が来れば思い出す冷たい水ようかんを、おひとついかが。

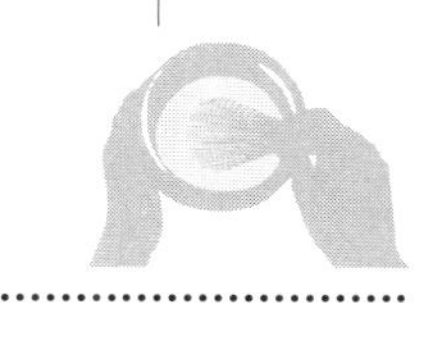

◆暑い京都でからだを涼ませる水ようかん

7月下旬、油照りの京都を歩いていると、汗が全身に流れ落ちる。そんな暑さの最中、北大路新町下ルにある「紫野源水（むらさきのげんすい）」という和菓子店に入った。店内は涼しく、この店が手がけた水ようかん「涼一滴（りょういってき）」を持ち帰る予定だった。しかしホテルに入るのは夕刻遅くなるので、水ようかんが保（も）たないといわれ、店内で冷やしてあった涼一滴を一つ食べた。

涼一滴は、2種類ある。一つはごま風味、白小豆のこしあんで作ったもの。もう一つは小豆のこしあんで作ったものである。どちらも直径7センチ足らずの白い煎茶茶碗に入っている。店ではごま風味の水ようかんを味わった。よく冷えており、甘さは程よく、ようかん本来の舌ざわりは残しつつも、口中でスーッと溶けていく。そして、後からごまの風味ほのかに、「わたしもいますよ」と謙虚ながら主張してくる。小豆のこしあんの涼一滴は、後日食べた。こちらは、あんのコクが利いている。食べ終えた後、小さな茶碗はお茶に使える。涼一滴は、クール便で地方へも送ってもらえる。ただし、販売期間は5月の連休頃から9月10日頃まで。

源水は紫式部の墓（48ページ参照）から徒歩5分ほど。水ようかんのほかに、もち米の煎餅「式部せんべい」も販売している。煎餅の裏側に和三盆糖をぬり、表には上白糖が引いてある。紫式部墓参のみやげにすすめたい。

◆水ようかんに〝涼味〟を求めて夏を満喫

水ようかんは古くは正月、冬期に食べる風習があった。腐りやすい夏は避けたからだが、冷蔵技術が発達した現在では、夏の食べものとなり、夏の季語になっ

ている。京都では夏に各和菓子店で売れ筋となっている。源水の煎茶茶碗は別にして、多くの水ようかんは竹筒入りが目立つ。

弘法さんの頃で紹介したどら焼きの笹屋伊織（234ページ参照）でも竹筒入りの水ようかんで、葛きりで知られる「鍵善良房四条本店」でも青竹に詰めてある。青竹入りも瑞々しさが伝わってくる。鍵善良房では、4月から9月中旬頃まで販売している。

夏の京都では、口どけのよい、涼味の水ようかんがいろいろとあるが、好みの味を探して歩くのも、蒸し暑い京都での「涼」の求め方かもしれない。

85

いつもと違う京都みやげ「お茶」と「梅干し」

京都ではお正月に必需品の大福茶と大福梅。お茶に梅干しを入れて健康、長寿を祈る習慣がある。12月13日「事始め」に京都に滞在していれば、おみやげに買い求めたい一品である。

◆鳥獣人物戯画巻が描かれた茶缶をみやげに

お茶から始めよう。宇治というお茶の産地が控える京都には、老舗の茶肆(ちゃし)が顔をそろえる。のれんを眺めていると、いいお茶があるかなと気になり、よく店に入る。味見をしながらお茶を探す。これも京都での楽しみの一つである。

御幸町(ごこうまち)二条を西に入った「柳桜園茶舗(りゅうおうえんちゃほ)」は、明治8(1875)年の創業である。かつて御所にお茶を納めに行く道すがら、柳と桜の木が交互に植わっているのを見て、店名にしたという。この店には、栂尾(とがのお)・高山寺所蔵、鳥羽僧正覚猷(とばそうじょうかくゆう)

（1053〜1140）の作と伝わる「鳥獣人物戯画巻」を描いた茶缶（ほうじ茶入り）があり、お茶好きに求められている。

高山寺には茶園の発祥の地とされる茶畑がある。鎌倉時代の建永元（1206）年、高山寺の中興開山の明恵（みょうえ）上人が茶の種をまいたのが始まりとされる。室町時代には、お茶の味、香りを競う「闘茶」が流行したが、その中で栂尾のお茶が一番となったことが伝わる。高山寺の茶畑では、毎年5月半ば頃に茶摘が行われ、このお茶は高山寺で6月末頃まで販売されている。

少し話題がそれたが、お茶と高山寺の由縁から、柳桜園では「鳥獣人物戯画巻」を茶缶の図柄に用いるようになった。「鳥獣人物戯画巻」は愉快な動物絵が特徴で、日本初の漫画ともいわれる。あくまで好き好きであるが、「鳥獣人物戯画巻」の茶缶を身近に置いておくと、お茶の一服が楽しみになる。

柳桜園では店の奥で、石臼で抹茶を挽いている。抹茶を求める人は、挽きたてが購入できる。

◆大福茶と大福梅でお正月に一年の健康祈願

師走に入ると、茶肆では「大福茶（おおぶくちゃ）」を売り出す。大福茶とは、12月13日「事始め」（228ページ参照）から売り出される、元旦に邪気を払うために梅干しを入れて飲むお茶である。最近はその日を待たずに売り出されることもある。六道の辻（355ページ参照）から近い六波羅蜜寺（ろくはらみつじ）には、正月三が日の行事として「皇服茶（おうぶくちゃ）」が伝わる。天暦5（951）年、京に流行した疫病封じのために空也上人（くうやしょうにん）が薬湯を病人に飲ませたのが始まりといわれ、第六十二代村上天皇が服用したことからその名がある。皇服茶は、お茶に結び昆布と小梅を入れて1年の息災、厄除けを祈願する行事である。

柳桜園では、大福茶「抹茶」、「煎茶」、あら茶の「柳茶」を売り出す。それぞれお茶は、山科（やましな）にある大石神社（大石内蔵助ゆかりの神社）でお祓いしている。梅干しについては、大福茶と同じく12月13日から北野天満宮で授与される「大福梅」が知られる。この梅干しは天満宮の梅園に実った梅で、7月中旬から天日干しをして、その後、樽に戻して11月下旬まで保存する。天満宮の紅梅殿で袋詰めされて授与される。

京都ではお正月の朝、若水で沸かしたお茶にこの梅干しを入れて飲み、家族の健康と長寿を祈る習慣がある。

柳桜園

「鳥獣人物戯画」を茶缶にあしらっている

第5章

京都のパワー&ふしぎスポット

【縁切り・縁結び】
碑くぐりの安井金比羅宮

世のなかのあらゆる悪縁を断ち切り、良縁に転じるという碑（＝石）がある。
碑には人一人が腹ばいで通れるほどの穴があり、
願い事を念じながら、必死の形相で穴をすり抜けている。

◆碑を山のように覆う形代が物語る無数の願い

我が身につきまとう悪縁に苦悩する人は少なくない。東山・安井金比羅宮の境内に、白い形代（かたしろ）で膨れ上がった石がある。この石は「縁切り縁結び碑（いし）」と呼ばれている。よく見ると、碑の下方にぽっかり穴が開いている。力士のように太っている体型は無理としても、普通の体型ならば、何とかすり抜けられる程度の大きさの穴である。

縁切り・縁結びでお参りに来た人は、手順として、まず１００円以上の志納金を納め形代を求め、そこに願い事を書く。次に、願い事を念じながら碑の表から裏へ、もぐらのように、また寝そべり穴をすり抜ける。やっとの思いで抜け出ると悪縁が切れる。今度は裏から表へ良縁を祈願し、穴をくぐる。最後に、先ほどの形代を碑に貼り付けて一連の祈願は終了だ

悪縁を切り良縁を結ぶ安井金比羅宮

悪縁を断つために必死で穴をくぐり抜ける

悪縁を切ると今度は裏から良縁を結ぶ穴くぐり

安井金比羅宮の主祭神は、保元の乱で失脚した崇徳上皇で、上皇は寵愛していた烏丸殿と引き裂かれ、讃岐へ流罪となった。このため、男女の縁を妨げる一切の悪縁を切るのが、本来の霊験といわれるが、最近はＤＶ、ストーカー、病気平癒など、悪縁切りはさまざま。

女性の姿が目につくが、一言注意しておきたいのは、スカートをはいている人は要注意だ。なぜなら、碑をくぐるときに下着が見えて困りました、と失敗談を語った女性がいたからである。

◆遣唐使が伝えた揚げ菓子・清浄歓喜団

良縁を祈った後は、境内の金比羅絵馬館など見て、せっかくだから門前から徒歩10分、八坂神社方向にある「亀屋清永」という和菓子店に味の散歩をおすすめ。元和３（１６１７）年創業の店で、まもなく４００年を迎える。この店で味わってみたいのは「清浄歓喜団」という一風変わった名前の揚げ菓子。短く〝お団〟とも呼ばれる。

このお団は仏教を守護する歓喜天にお供えする菓子という。遣唐使がもたらした〝唐菓子〟の一種で、小さな巾着のような形をしているが、これは歓喜天が持っている、富を溜め込んだ金袋をイメージしている。白檀、桂皮、龍脳など清めの7種類のお香が練り込まれた皮で小豆あんをくるみ、仕上げにごま油で揚げている。皮の香ばしいごま油の風味、ほどよい甘さの黒あんが溶け合い、そこに7種のお香の何とも言えぬ高貴な香りがほのかにひろがり、口中で聞香を楽しむ気分になる。

87

【女性の開運・出世】

玉の輿守の今宮神社

うら若い女性の姿が目立つ今宮神社。皆、ここで授与される「玉の輿守」を求めてやって来るのだ。このお守り、「玉の輿」の語源なのだ。

◆縁を大切に。玉の輿のチャンスは身近に潜んでいる！

大徳寺の北西、創建が正暦5（994）年と、一〇〇〇年を超える歴史を積み重ねてきた今宮神社がある。平安時代の長保2（1000）年、第六十六代一条天皇の時代に疫病が流行り、その疫病封じにお参りしたのが今宮神社である。今宮神社の始まりは、船岡山に祀られていた「疫神社（えやみしゃ）」とされ、疫病除けの「御霊会（ごりょうえ）」も行われている。ついでながら、4月第二日曜に行われる「やすらい祭（まつり）」（今宮神社の例祭）は疫病除けの祭りである。

さて、本殿を前にして、あるモニュメントが立っている。徳川五代将軍綱吉の生母桂昌院（けいしょういん）、俗名お玉（1627〜1705）の碑である。お玉は今宮神社の氏子だったといわれ、本殿などの建て替えにも尽力した。そのことから神社との関係が深かった。

お玉は堀川の八百屋仁右衛門の娘として生まれた。お玉の出自に関して、様々な説が流布されている。が、八百屋に誕生したのは今日定説となっている。父仁右衛門は、二条関白の家司だった本庄家との縁があった。仁右衛門の死後、お玉の母は本庄家の後妻におさまる。ここでお玉は、玉の輿へのワンステップを刻んだ。本庄家が仕える二条家と、徳川家光の側室・お万の方のつながりにより、お玉はお万の方の侍女となるため、江戸に向かうことになったのである。お玉18歳であった。

◆玉の輿守と本人の努力をプラスすれば女の出世道へ

江戸城大奥に入ったお玉は、春日局（かすがのつぼね）の部屋付きとなり、さらに玉の輿へ近づく。家光に見初められたのである。お玉20歳。家光との愛の結晶、男児徳松、後の五代将軍綱吉を産むことになる。徳松はじつに母親孝行な子であり、将軍になったことで、お玉は玉の輿への最終ステップを刻んだ。「玉の輿」の語源は、お玉の出世に基づくという。

慶安4（1651）年、家光が亡くなると、お玉は落飾して桂昌院と名乗る。まだ26歳であった。将軍生母として、大奥での桂昌院の権勢は隠然たるものがあった。八百屋の娘から将軍生母へ。この出世にちなみ、今宮神社では、野菜を刺繍した玉の輿守を授与している。

今宮神社の本殿

今宮神社の社殿

桂昌院は、小さい頃から仏心への帰依深い女の子だったといわれ、ご縁があった善峯寺（よしみねでら）の薬師仏に、「たらちねの　願いをこめし　寺なれば　われも忘れじ　南無薬師仏」と詠んでいる。玉の輿に乗ったのはあくまで持ち合わせた運であるが、自らの運を確実につかむべく、日頃の行い、とくに仏への信仰が大切であると、語っているようだ。桂昌院は、長く生きて79歳で旅立った。善峯寺多宝塔の後ろに「桂昌院廟」があり、お参りできる。

◆縁台に腰かけてあぶり餅で一休み

玉の輿守を手に入れたら、今宮神社参道にあるあぶり餅とお茶で一服。疫病退散を願い今宮神社にお参りしたら、その帰りに食べて疫病除けとするのが京都の風習。あぶり餅は、一皿に小さな餅が蜜をつけて15本出て来る。

お参りの後先に人気の餅だが、炭火で餅を焼いているおばさんたちは、「(炭火で)夏は暑いしナ。冬は風が冷たくて、靴下3枚もはいてやってます」と笑う。15本のあぶり餅は一気に食べてしまうが、残した人には、おばさんが包んでくれる。おばさんたちの話に耳を傾けながら味わうのもなかなか愉快である。

お玉のモニュメント

一皿 15 本のあぶり餅

【良縁・一願成就】恋占いの地主神社

清水寺に行ったら地主神社へも。女性には頼もしいご利益ぞろいで、〝一挙三得〟も。欲張りかもしれないが、きちんとお願いすれば、きっと願いを叶えてくれるはず。

◆黄色い声が溢れる境内は縁結びと恋占い

清水寺本堂に隣接した高台に地主神社がある。じぬしと読んではいけない。ぢしゅじんじゃという。参拝者の平均年齢が若い。匂い立つ若い娘たちが境内をほぼ占領し、数少ない男子は恥ずかしい思いをしているかもしれない。創建は神代の昔、といわれ、あまりに時代をさかのぼるために分からない。正殿に祀られる主祭神は大国主命（おおくにぬしのみこと）である。大国主命の父母神、素戔嗚尊命（すさのおのみこと）、奇稲田姫命（くしいなだひめのみこと）、さらに奇稲田姫命の父母神、足摩乳命（あしなずちのみこと）、手摩乳命（てなずちのみこと）も祀られており、縁結びをはじめ子授け、安産にご利益がある。なかでも縁結び、良縁を願う女性が次から次に押し寄せる。

正殿前に「恋占いの石」がある。14メートルほど離れて二つの石があり、石から石へ目をつぶって無事にたどり着けば恋が成就するらしい。この石、にわかに置いた石ではない。近年の研究により縄文時代の遺物であることが証明された。

でも、それがなぜ恋占いなのかは、神社の縁結びのご利益と関係しているのかもしれない。照れる様子もなく、年配のおじさんが恋占いの石に挑戦して、若い子から「頑張って！」と声援を受けた。おじさんはよろめいて途中で尻もちをついた。辛い思い出である。

◆女性はとくにお参りをしたい「おかげ明神」

神社では、毎月第一日曜日の午後2時、「えんむすび　地主祭り」を開いている。月例祭として定着しており、参加者の良縁および家庭円満を祈願する。奉納絵馬のお祓い、祈願成就の御礼などもある。宮司さんからは「縁の不思議」について話もある。この日、お祓いを受けた人には、開運の小槌が授与される。

地主神社のご利益は、境内各所にある祈願所により様々である。二つほど紹介しておく。一つは「撫(な)で大国(たいこく)」。小さな社で、撫でる場所により良縁、安産、勝運、商売繁盛、受験合格など、様々にご利益が得られる。もう一つは「おかげ明神」。この明神さんは、どんな願いも聞き届けてくれるが、ただし、叶えてくれるのは一つだけ。「一願成就」の守り神といわれる。とくに女性の守り神として信仰が篤い。〝おかげ〟とは、ご利益の意味である。

おかげ明神の後方にある神木「いのりの杉」にも目を向けておきたい。この杉は昔、丑(うし)の刻(とき)参りの名残、わら人形が打ち付けられた釘跡が見られる。縁結び、良縁祈願の陰に隠れて、これも地主神社の歴史の一端を伝えるものである。

境内には、一重と八重の花が同じ木に咲く「地主桜」がある。この桜には伝承がある。第五十二代嵯峨天皇が桜の美しさに牛車を戻されて眺めたことから「車返しの桜」ともいう。例年、4月中旬頃から見頃を迎え、4月第3日曜「さくら祭」が開かれる。

【芸事上達】

落語の寺・誓願寺

繁華街に建つ誓願寺には古くから女人往生の信仰がある。境内の舞踊・芸事上達にご利益があるとされる「扇塚」には、平安歌人・和泉式部の伝承が今に伝わっている。

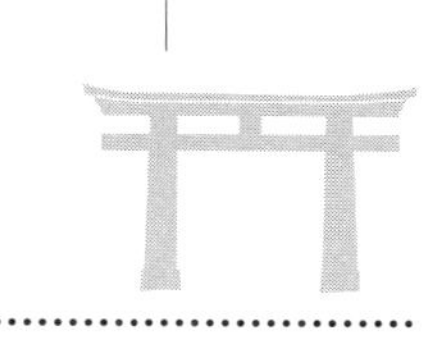

◆歌舞の菩薩に変じた和泉式部に由来する扇塚

京都を代表する繁華街、新京極通の一角に誓願寺（せいがんじ）がある。本堂は鉄筋コンクリート造りである。創建以来、10回もの火災に遭う災難に襲われたために、燃えにくい堅牢な建物になった。本尊は阿弥陀如来。境内は狭く、本堂に向かって右手に「扇塚」がある。広く芸事上達、とくに舞踊が上手になるご利益があるといわれ、芸妓さんたちも多く訪れる。扇塚には謡曲「誓願寺」の話が伝わる。

時宗を開いた一遍上人（いっぺんしょうにん）（1239〜1289）が熊野権現の信仰を広めるべ

く、誓願寺に行脚したとき、ある女人が現れて、本堂の「誓願寺」という額に替えて、六字名号「南無阿弥陀仏」の額を取り付け、衆生を済度に導くようにと告げて姿を消した。上人は言われるままに六字名号の額を付けたところ、薫香が匂い、音楽とともに「歌舞の菩薩」と化した和泉式部が現れたという話である。

誓願寺には女人往生の寺として、清少納言が落飾し、誓願寺に近い庵で念仏三昧に過ごした、また、娘に先立たれた和泉式部が誓願寺に参り、仏心を得た話が残る。和泉式部については、誓願寺に近い誠心院は「和泉式部寺」といわれ、和泉式部の大きな石塔が立っている。

◆落語の祖・安楽庵策伝の霊を慰める落語会

先の歌舞菩薩・和泉式部の伝承と信仰は、舞踏家の間で広まり、扇塚に芸能上達を祈願する人は絶えない。本堂の左右に扇が奉納されている。扇の授与は一つ800円〜3000円。舞踊は日々の鍛錬が肝心である。扇塚のご利益と合わせて、上達を目指す人は努力も肝に銘じておきたい。

芸能上達にはもう一つ話がある。誓願寺の第五十五世住職、安楽庵策伝（日快上人。１５５４～１６４２）のことである。策伝は飛騨高山城主・金森長近（かなもりながちか）の弟で、僧であり、茶人であり、笑いを取り入れた説法が得意だったという。現在では、落語の祖ともいわれるが、策伝が著した『醒睡笑（せいすいしょう）』は、笑いの種が凝縮して

新京極通にある誓願寺。この山門を入って右手に「扇塚」がある

誓願寺境内にある「扇塚」

いる。毎年10月上旬、「策伝忌奉納落語会」が開かれる。ある年、参加すると、本堂は立錐の余地もなく、関西の名だたる落語家が噺をしていた。策伝もまた落語の祖として、芸事に結び付けられ、扇塚のご利益に一役買っている。

山門前の北側には1本の石柱が立っている。そこに「迷子みちしるべ」と刻まれており、右側に「教しゆる方」、左側に「さがす方」と刻字されている。江戸末期から明治にかけての迷い子や落とし物を知らせ、それを探し届けた仲介の石柱で、「月下氷人石」ともいう。

【諸難厄除け・方除け】

安倍晴明ゆかりの晴明神社

晴明神社境内。涸れていた晴明の井戸から水が湧き出てお守り札がよく売れている。これも晴明の力なのか。神社から近い一条戻橋にも足を延ばしておきたい。

◆陰陽師安倍晴明を祀る晴明神社

堀川今出川交差点から南に下がると、右手に晴明神社がある。陰陽師がメディアによって広く喧伝されて以来、晴明神社の祭神・安倍晴明（921〜1005）は、謎めいた人物像を増幅させた。晴明神社から徒歩数分にある一条戻橋に、目に見えない式神（『今昔物語集』では職神）を隠し、時に式神を操りながら予言、占いを行ったと伝承される。

安倍晴明は実在の人物である。平安時代中期に陰陽寮に勤務し、天文博士であった。同時代を生きた人物に、最高権力者藤原道長（ふじわらのみちなが）、（第六十六代一条天皇の）中宮彰子（ちゅうぐうしょうし）、紫式部、清少納言などがいる。貴族の文化、国風文化が華開いた時代である。

晴明は陰陽師として天変地異の占いを行い、災いを見抜き、浄めの呪術を施したり、地霊を鎮めたりした。晴明神社の本殿の瓦、提灯に星印の紋が見える。神社の神紋で、晴明桔梗印（ききょういん）＝五芒星（ごぼうせい）という。これは晴明の祈祷呪符の一つである。宇宙万物の除災清浄の基幹となる「天地五行」（木・火・土・金・水）を表している。この五つの要素が相克しながら循環するとされ、これによって天変地異を占う。晴明の能力は並外れていたとされ、世の怪異をピタピタと当てたという。

◆晴明パワーが注ぎ込まれ吹き込まれた厄除け守と一条戻橋

晴明神社社務所の横に休憩所があり、厄除け守、魔除けのステッカーなどを求めた参拝者が一休みしている。五芒星に見立てられる桔梗の花の時期限定で授与される「ききょう守」は、花言葉「誠実」をご利益とする。五芒星のマークが描かれた団扇付きである（取材時）。

怪しげな雰囲気
が漂う一条戻橋

期間限定で授与され
るききょう守

晴明神社のご利益は
いかに…

神社を後にして一条戻橋へ歩く。『源氏物語』で、紫式部は「ゆくはかへるの橋」と書いている。平安前期の学者・三善清行（みよしきよゆき）の葬列がこの橋を渡ろうとしたとき、天台宗の僧で清行の息子浄蔵が加持祈祷をすると、清行が生き返った逸話がある。

ある日、タクシーに乗ったとき、運転手が戻橋の話をしてくれた。「一条の戻橋知ってますか？　昔ね、戦争で兵隊に出征するとき、戻橋を渡って行きはったんです」と語った。生きて戻れるように、ということだ。嫁に行くときは渡ってはいけないのでしょう、と話を向けると、「そや、出戻りになるさかいな」と笑った。京都ではこんな話が、脈々と語り継がれている。

現在の一条戻橋はコンクリートの橋ではあるが、まわりは柳の枝が垂れて晴明が隠している式神が、ひょいと現れて来そうな雰囲気が漂っている。

安倍晴明は、寛弘２（１００５）年9月26日、85歳で亡くなった。京福嵐山駅から徒歩7分、長慶天皇嵯峨東陵に隣接して「安倍晴明公嵯峨御墓所」があり、立派な石塔が立っている。

【歯痛封じ】絶大なパワーを発揮するぬりこべ地蔵

右手に錫杖、左手に宝珠をもつぬりこべ地蔵。
石造のお地蔵様は背丈およそ1メートル。
今日も歯痛に悩む人が次々にお参りに訪れる。

◆お礼のハガキが全国から寄せられる地蔵尊

伏見稲荷大社は相変わらず参拝者が多く、にぎわっているが、境内から歩いて7~8分、住宅が並ぶ坂道を行くと、墓地の一角に「ぬりこべ地蔵」と大きく彫られた石柱と小さなお堂が現れる。地蔵尊のお世話をしているおばさんがいて、「歯痛にご利益があるんですよ。お参りしてください」と、先手を打たれた格好で、ご利益を告げられた。

次いでこちらからの質問を投げかけたが、ぬりこべ、という風変わりな名前の由来は分からなかった。仄聞するにどうやら、この地蔵尊が病気を封じる、または閉じ込めるというご利益があったことから、「閉じ込め」→「塗り込め」→「ぬりこべ」と転化したのではないか、と想像できる。

ご利益についても、なぜ「歯痛封じ」となったのか。ぬりこべ地蔵にはもともと病気平癒の庶民信仰とご利益があったが、その後、いつしか歯痛封じに特化したという。祈願に訪れた人々が快癒したことが重なり、それがぬりこべ地蔵のご利益の証拠となったのだろう。さらにご利益を証明するものがある。ハガキである。

ご利益の裏付けとして、地蔵尊の前には、全国からとどくお礼のハガキが高く積まれている。中には「京都市　ぬりこべ地蔵　様」だけで送られてくるハガキもある。

◆祈願石を撫でて祈願。「どうぞ、親知らずの痛みが治りますように……」

ぬりこべ地蔵の前に、丸い祈願石（身代わり石ともいう）がある。歯が痛くとも我慢して、祈願石を撫でてから、その手を痛みのある場所に当てる。その後、地蔵に奉納されている「塗り箸」の一つを持ち帰り、痛みが取れたら塗り箸を川に流し、新しい塗り箸をぬりこべ地蔵に奉納する。

さて、普段は人影もまばらなぬりこべ地蔵も、毎年6月4日「虫歯予防デー」に地蔵尊の法要が執り行われる。法要の後、参加者には歯ブラシが授与される。

これを言っては身も蓋もないが、ぬりこべ地蔵は歯痛に限らず、虫歯予防、歯周病、歯槽膿漏など、歯の病全般、そしてシニア世代にはいつまでも歯が丈夫で、「ハチマルニイマル」（80歳で自分の歯が20本あること）をお願いしても耳を傾けてくださるにちがいない。

ぬりこべ地蔵にお参りした後、時間が許せば石峰寺（黄檗宗）へも足を延ばしたい。ぬりこべ地蔵から徒歩2～3分分ほど。高倉錦小路の青物問屋に誕生した江戸中期の画家・伊藤若冲が庵を結んだ寺である。ここ数年、若冲ブームにファンが沸いている。若冲が一体一体彫った五百羅漢が本堂の裏手の山に出迎える。伏見稲荷大社からの散策に、ぬりこべ地蔵、石峰寺とめぐるプランをおすすめする。

ぬりこべ地蔵の小さなお堂

【ガン封じ】梅丸大神に並ぶ人々・菅原院天満宮神社

にわかにお参りの人が増えている菅原院の梅丸大神。おでき、ガン封じにご利益があるとされ、学問の神・菅原道真公と合わせてお参りの若い人の姿も見かける。

◆ガン封じ「梅丸大神」に願かける人の列

京都御苑の下立売(しもだちうり)御門の向かいに、菅原院(すがわらいん)天満宮神社がある(地下鉄丸太町駅から徒歩5分)。境内に、郷土の偉大な先輩(京都市学校歴史博物館にあった表現)菅原道真(845~903)の産湯の井戸がある。この地は、道真の曽祖父・菅原古人(ふるひと)の邸宅「菅原院」があったところと伝わる。祭神に菅原道真が祀られている。産湯の井戸は以前は涸れていたが、ボーリングしなおして水が湧き出るようになった。この水は持ち帰ることができる。道真誕生の地は、南区の吉祥院天満宮、下京区の菅大臣神社にもあり、これまた京都の謎とされている。

最近、この神社がガン封じにご利益があるとうわさがうわさを呼び、境内に祀られている「梅丸大神」の祠の前には、ガン封じ祈願のお参りの行列ができている。

◆神社の授与品「ガーゼハンカチ」を患部に当てる

梅丸大神とはいかなる神様か？　これが分からない、と神社でも困っている。ただ、あるお公家さんの屋敷に祀られていたもので、そのお公家さんが京都から引越しをする時、この神社に預けたのだといわれ、おできを治すことで知られていたという。大神の祠の前に、「平癒石」があり、この石をさすり、次にガンができている病巣をさする。効き目があるのか、次から次へとお参りに来る。神社では、「ガーゼハンカチ」を授与している。このガーゼハンカチで患部をこするのだ。なかには、ガンにおかされている家族や友人に買って帰るという人も少なくない。ガン封じの御札も授与している。

秋のシーズンは修学旅行の生徒が学問の神・道真にお参りし、梅丸大神にもお参りするといい、境内は混雑することもある。にわかに注目されている菅原院天満宮神社だが、ガン封じではもう一つ、一乗寺（洛北・詩仙堂周辺）の高台にある「狸谷山不動院」も少し付け加えておく。

狸谷山不動院は、近隣の陸上部の選手が足腰の鍛錬に使うほどの石段があり、運動不足の身にとって息が上がるほど。ここの1月28日「初不動」で、ガン封じの「笹酒」接待がある。おちょこに一杯飲むと、笹の効用があるのか、ガン封じにご利益があるという。ただしドライバーは飲めないので、瓶に詰めて持ち帰りとなる。

【火難除け・観音功徳】
千日詣りの愛宕神社と清水寺

愛宕神社に伝わる千日詣りは7月31日夜から8月1日の未明にかけて行われ、毎年、参加する人も少なくない。「火難除け」を祈願し親子で参加する家族も。また、清水寺でも千日詣りがある。

◆火の用心に、愛宕神社へおのぼりやす

嵯峨野の最奥、標高924メートルの愛宕山(あたごやま)に鎮座する愛宕神社は、火難除けの信仰がある。7月31日夜から8月1日未明にかけて神社にお参りすれば、千日分の功徳が得られる「千日詣り」に大勢の人々が集まる。山麓、清滝の登り口から山頂まで約4キロ(徒歩1時間30分~2時間)。自分の体力に合わせたペースで登ってゆく。

7月31日夜9時頃。大体この時間から懐中電灯を持って登りはじめ、8月1日

の午前2時頃にかけてが人出が多い。懐中電灯は持参した方がよいが、登山道沿いには明かりが灯されている。飲料水なども携帯しておくように。登山道で登り下りの人がすれ違う。そのとき、下る人は「おのぼりやす」、登る人は「おくだりやす」と声を掛け合うのがマナー。神社では、「阿多古祀符（あたごしふ）　火迺要慎（ひのようじん）」の護符が授与される。この札を持ち帰り、台所に貼っておくと、防火の効力がある。なお、3歳までの子どもがお参りすると、一生火災に遭わないとの言い伝えがあり、親に手を引かれて登る子どもも見かける。

余談になるが、本能寺の変（122ページ参照）の前、天正10（1582）年の5月下旬、明智光秀が愛宕神社で「連歌の会」を開いた話が伝わる。この時光秀が詠んだ「時は今　雨が下しる　五月哉」が、後世さまざまに解釈されている。その一つに、「まさに時（とき）（＝光秀の出身土岐（とき）一族にかけている）は今だ。雨が下しる（＝天下（あめがした）を支配する）…5月…（その時が来た）」、つまり天下取りのチャンス到来というものだ。この歌を詠んでまもなく、6月2日謀反に及んだのである。

◆ライトアップされた清水寺で観音功徳を千日分

千日詣りはもう一カ所ある。東山・清水寺では8月9日〜16日に「千日詣り」が行われる。とくに、8月14日〜16日は夜間拝観（19時〜21時）が実施され、境内はライトアップされ、多くの参拝者で混雑する。千日詣りは、観音様の縁日であり、千日分の観音功徳が得られる「大功徳日」。お参りすると、本堂の内々陣に入ることが許され、献灯ができる。ローソクに火を灯して観音様に献じるのである。観音は秘仏であるから開帳されないが、厨子から出ているひもにさわり、観音様と縁を結べるとあって、内々陣に人の列が絶えない。

千日詣りの終了日16日は、京都は「五山送り火」の日。夏場の重要な行事がつづき、暑さも最高潮に達する。

【福運・幸福】

しるしの杉の伏見稲荷大社

千年以上もの歳月が経過しても信仰篤く京都で支持されているしるしの杉。お祓いされた杉の小枝で、家庭円満、健康長寿、開運など様々な「福」をもたらすと京都では信じられているのだ。

◆平安時代の昔から福を呼ぶしるしの杉

毎年の初詣、千本鳥居で知られる伏見稲荷大社に、歴史を偲ばせる授与品がある。「しるしの杉」（一つ1000円）と呼ばれるものである。これは年末から正月、2月初午（はつうま）の日まで授与されるお参りの〝しるし〟として「福」を授かり、家に持ち帰る。稲荷大社の杉の小枝を使っており、お祓いされ神が宿っているという。平安時代の康保3（966）年、藤原道綱の母『蜻蛉日記』の「稲荷と賀茂詣で」に、「験（しるし）の杉」が出ている。これを持ち帰り、自分の庭に植えて、枯れないとご利益がある、と信じられていたようだ。現在は持ち帰った後、神棚に供えておきたい。

道綱の母の時代、神社仏閣へのお参りは遊山（ゆさん）気分で行われ、数少ない娯楽の一つでもあった。が、しるしの杉の霊験は、これ以前から稲荷の神とともに信仰され、平安貴族の間によく知られていた。道綱の母は、夫兼家（平安貴族最高権力者・藤原道長の父）とはぎくしゃくした関係だったので、何か願い事があったのかもしれない。

しるしの杉は、現代まで延々と受け継がれ、道綱の母の時代から数えても一〇〇〇年を超える歴史がある。その霊験は人心に深く浸透し、確かなご利益が期待できるのであろう。現代は「福」の薄い時代である。「今年こそは……」と、禍を転じて福となすように、しるしの杉は心身の支柱になるであろう。

◆稲荷の参道ですずめ焼き、三角形のいなり寿司

伏見稲荷は五穀豊穣の神である。とくに米を大切にし、米を食い荒らすすずめは、懲らしめの対象となり、参道の店ではすずめ焼きにして食べられる。すずめ

にとっては、とんだ災難だが、タレがおいしいと評判の店もある。

すずめ焼きともう一つ、いなり寿司を伏見稲荷の味として、地元では力を入れてPRしている。ゆるキャラ「いなっきー」まで登場している。B級グルメブームにあやかろうとしているのだろうか。

いなり寿司の店は、二十軒ほどあるらしい。いなり寿司の中身は店により様々。神幸道（裏参道）に、大正5（1916）年創業の「日野家」がある。この店のいなり寿司は、ごぼう、ニンジン、白ごまが入っている。油揚げは、伏見稲荷共通の形だが、キツネの耳の形を模して三角形をしている。いなり寿司は一皿に6個（780円）。

「お一人で6個は多すぎるので、お二人だったら一皿を分けて召し上がるのもいいですよ」と、細やかな配慮。お参りの後、伏見稲荷の語りぐさに一つどうだろう。

【女人守護・市場守護】
「姫みくじ」の市比賣神社

市比賣神社の鳥居を入ると、女性たちが境内奥へと消えてゆく。なんだろう？　と見ていると、女性の願いを叶える姫みくじという小さなだるまにお願いごとをする女性たちだった。

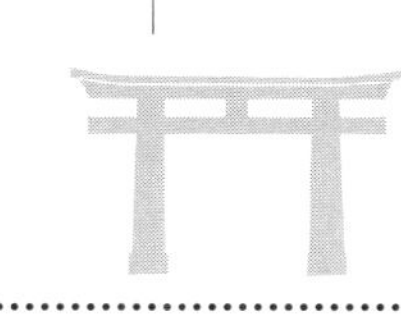

◆全国女性の味方、お願いを叶える姫みくじ

市比賣（いちひめ）神社へは、河原町正面バス停から徒歩わずかである。境内は狭く、若い女性たちで込み合っている。平安京遷都の翌年、延暦14（795）年の創建といわれ、1200年余の京都の変遷を見つめてきたことになる。

皇室との関わりも語られている。境内に今も清らかな水が湧き出る「天之真名井（あめのまない）」（井戸）があり、この井戸水は第五十六代清和天皇の頃から、しばらくの間、皇室に皇子、皇女が誕生すると、産湯に使われたという。そのため、本殿が珍しく北向きに建てられ、御所の守護を念じているという。

天之真名井のそばに、小さな赤いだるまが山のように積まれている。これは姫みくじ（一つ800円）といい、女性が開運、良縁、厄除け、健康など祈願し、納めたものである。小さなだるまは、かわいい人形のようでもあり、多くの女性に頼りにされている。

かわいい姫みくじ

参拝の女性たちのみならず、全国的に知名度が高まったのが、神社で授与されるハッピーカード（カード800円、祈願一つに付き1000円）である。名刺サイズほどの大きさのカードで、自分の名前を記入してもらえる。カードはラミネート加工してあり、1年間有効。年が改まれば、境内にある「カード塚」に納められ、9月9日に

「カード感謝祭」が開かれる。カード感謝祭とは珍しい。また、毎年2月節分の前（日付は要確認）に、「女人厄除祭」が開かれる。女厄年の人は参拝し、ご祈祷を受けられるとよい。祈祷の終了後、五条大橋へ出向き、橋から豆まきをする。豆まきは厄も気分も晴れるに違いない。

◆経済流通の要「市場」の活性化を願い、働く人々を守る

市場守護についてふれる。なぜ、この神社が市場守護といった、女人守護とは異質なご利益を伝えているのか。じつは市比賣神社がある場所は、平安京の昔、朱雀（すざく）大路の東西に東市、西市があり、境内はかつての東市の一部だという。

東市は七条坊門の南、七条の北などに配されていた。敷地の広さは4町四方（1町は120メートル）あったという。

秀吉による都市計画により移転したために、現在の境内は狭い。神社名にも「市」があるように市場と縁があったことで「京都中央市場」構内に、「市姫神社」が分霊され祀られている。4月16日、12月11日の年2回、「京都中央市場春祭・秋祭」が行われる。現在の中央市場は七条千本、丹波口駅の西側にある。

【子授け・安産】
岡崎神社とわら天神

赤ちゃんが無事、安産であることは、誰もが願うこと。現代は少子化の時代ではあるが、何とか頑張って人口増加に弾みをつけてもらいたいと切に願う。

◆神様のお使い「うさぎ」に安産・子授け祈願

樹々が神社を囲み、参道、本殿前には静かにお参りをする若いカップルの姿が目に付く。岡崎神社（左京区岡崎東天王町）は、桓武天皇が平安京の鎮護のために、都の四方に設けた神社の一つで、東方角に置かれたことから通称「東天王」とも呼ばれる。

境内、手水舎では、黒御影で作られたうさぎが鎮座する。別名、子授けのうさぎ、といい伝えがある。この神社は、神のお使いがうさぎとされ、本殿前にも阿叶の狛うさぎがいる。なんともかわいいのだが、縁結び、子授け、安産にご利益があるとされ、未婚のカップル、若い夫婦が多くお参りする。

また、狛うさぎの頭を撫でると、さらにご利益が高まるという。夫婦和合もご利益の一つと言われ、若い人のお参りはもちろん、中高年の夫婦にとって〝老後も末永く円満に〟を願ってお参りするのもいいかもしれない。

◆わらのお守りに節があるか、節がないか、さあどっちだ?

安産祈願ではもう一つのパワー・スポットも紹介する。四条河原町から離れるが、金閣寺(158ページ参照)の南側にある敷地(しきち)神社である。通称はわら天神という。祭神に祀られているのは、木華咲耶姫(このはなさくやひめ)。安産の守護神と伝わる神様である。この神社は染殿院とちがい、境内は広々している。境内では、夫に付き添われてお参りする妊婦を目にする。夫婦で安産を祈願した後、授与品の窓口に寄って安産祈願のお守りを求める。産着、お菓子、わらのお守り一式を持ち帰る。中に入っているわらのお守りにちなみ、わら天神といわれる。このわらのお守りに関して、あるうわさが広まっている。

神社ではあまり取り合ってくれないが、どんなうわさなのか。わらのお守りは長さ3センチほど。わらに節があれば男の子、節がなければ女の子を授かるというのだ。もともとは、わらの上に安産祈願のお供えをしていたところ、わらを持ち帰るようになったのが始まりだといわれる。男の子が産まれるのか、女の子が産まれるのか。うわさではあるのだが、結構、わらを見つめる目が真剣な眼差しのカップルもいる。無事にさえ産まれてくれれば、男の子でも女の子でもよいのだが……。

【精霊迎え】六道珍皇寺で見つかった「黄泉かえりの井戸」

京都ではよく「魔界」とされる六道の辻。その魔界を見つめるのが六道珍皇寺である。閻魔様が鎮座し、この世とあの世の人々を振り分けているように見える。果たしてあなたはどっちの人？

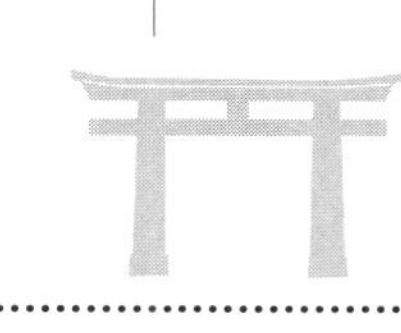

◆閻魔様と小野篁コンビが見つめる六道珍皇寺境内

松原通（旧五条通）を鴨川方面から東へすすむと、謡曲「熊野（ゆや）」で歌われた「六道（ろくどう）の辻（つじ）」と呼ばれる地にたどり着く。この道をさらに東へ歩くと、平安時代に葬送地だった鳥辺野（とりべの）である。いわば死者の道なのである。そんな六道の辻に、六道珍皇寺（ろくどうちんのうじ）がある。いつもは人影の少ないこの寺が、人で埋まる日がある。8月7日～10日の「六道まいり」である。「祇園祭が終わったら次は六道さんやな」ということで、お盆になると珍皇寺の鐘を撞く。「迎え鐘」といい、あの世に旅立たれた精霊（京都では、おしょうらい、という）を迎える行事だ。六道まいりには宗派を超えて人々が集まるという。4日間で約10万人がお参りする。ちなみに、8月16日「五山送り火」は、精霊をまたあの世に送る行事である。

六道まいりでは、閻魔堂が開扉され、睨みをきかせた閻魔様に出会える。閻魔様は、俗人の日頃の生活態度を見極めて、善悪の所業により、地獄、餓鬼、畜生、修羅、人間、天上の六道に振り分けるという。普段は格子戸の隙間から暗い堂内をのぞくことになる。それは冥界の暗さを感じて欲しいという理由からである。閻魔様の横には、冥界を往復したという小野篁卿（48ページ参照）の像が平然とした面構えで安置されている。

閻魔堂の横では、お参りの人々が列を作り、順に綱を引っ張って迎え鐘を鳴らす。この鐘の音が精霊を迎えるのだが、もう一つ、お迎えする〝死者の乗り物〟が必要だ。

◆高野槙の葉っぱに乗ってあの世から先祖が戻る

六道まいりの日、境内に高野槙の葉を販売する店が出ている。元来、高野槙の葉は、死者の乗り物とされる。仏教が伝わる以前から死者が天上から高木に憑依すると信じられ、その高木に高野槇が選ばれたのだという。また、高野槇は土中に埋めても腐りにくい材質であることから棺桶に使われたと伝わる。つまり、遺骸が腐らないと信じられていたのである。

人々はこれを買い求め、家に持ち帰り、あの世の人が無事たどり着くのを待つのだ。ここで、お迎えする順を整理すると、最初に高野槇の葉を求め、水塔婆に寺で戒名を書いてもらい、迎え鐘を鳴らし、線香で浄めてから水回向する。水回向が終わると、線香の煙がもうもうと立ち込める境内を去り、家路につく。

持ち帰った高野槇の葉は、送り火が終わった翌日17日、昔は鴨川に流したものだが、現在は六道珍皇寺に納め、お焚きあげする。

六道まいりで「迎え鐘」を撞いてお精霊さんを迎える人たち

六道珍皇寺には、本堂の裏手に、小野篁が冥界へ向かったとされる冥土通いの井戸がある。この井戸から死者の国に行き、明け方には今は廃寺となった福正寺（現大覚寺の門前あたり）の黄泉かえりの井戸からこの世に戻ったとされる。ところが、2011年、境内の北東寄りで、六道珍皇寺に古くから言い伝えられていたとおり黄泉かえりの井戸が発見されたのだ。現在、一般公開をしているが、この井戸の発見で六道珍皇寺には名実ともに、死生の井戸があったことになり、小野篁伝説がにわかに真実のように思えてくる。

精霊迎えといい、黄泉かえりの井戸といい、六道珍皇寺には、不思議な霊験があると、思えてならない。

【人生の「苦」を抜く】

石像寺の釘抜地蔵

石像寺の地蔵堂の前で手を合わせていると、次々に年配者ばかりではなく、若い男女も多くお参りに来る。様々な苦界から抜けだそうと願い、地蔵にすがる人々なのだろう。

◆地蔵堂の外壁に取り付けられた御礼の釘抜絵馬

東京では、巣鴨のとげ抜き地蔵が人気だが、京都では千本通上立売にある石像寺（しゃくぞうじ）「釘抜地蔵」にお参りする人が絶えない。〝とげ〟より強力な〝釘〟を抜いて、身体的な苦痛、精神的な人生の苦を取り除いてくれると、京都のみならず全国から信仰が寄せられている。

千本通に面した入口から境内に入る。いつ訪れても線香の煙が立ちのぼっている。境内は狭いが、中央に地蔵堂がある。その外壁に御礼感謝の絵馬が奉納されている。絵馬といってもここでは、釘抜きと釘2本がセットになったもので、数の多さが釘抜地蔵のパワーを示している。絵馬は一つ2万円（授与は1年2回、8月地蔵盆前と、12月20日前後）。

石像寺は弘仁10（819）年、弘法大師の開創といわれる。本尊は大師自らが彫った三尺六寸（1メートル余）の石像・釘抜地蔵である。当初は「苦抜地蔵」と呼ばれていたが、諸悪、諸苦、諸病を救うとして信仰を集めた。

時は下って弘治2（1556）年頃のこと。油小路上長者町に住んでいた紀の国屋道林という人が、両手の痛みに苦しめられていた。ある日、苦抜地蔵の霊験を知り、願をかけることになった。そして満願の夜、この人の痛みは前世にうけた呪縛の釘打ちに因があるとされ、その恨み釘を抜き取ると、不思議にも両手の痛みが取れたといい、あとに2本の八寸釘が落ちていたという。以来、苦抜から釘抜と改められたといわれる。

◆竹べらを持って地蔵堂を回りながら釘抜祈願

釘抜地蔵へのお参りは、お堂に置いてある竹ベラを数え歳の数だけ持って地蔵堂を回る。一周するごとに竹ベラを1本ずつ戻し、祈願する。また、寺に祈祷してもらうこともできる。こちらは1週間2000円。料金はかさむが、長期間の祈祷も可能だ。祈祷は住職が朝と晩の2回行い、希望の日数の後、御札を送ってもらえるので、地蔵堂にお参りできない地方にお住まいの方も祈祷の依頼はできる。

痛みや苦を抜くご利益ばかりではなく、霊験は広く、病気平癒、招福厄除、受験合格、良縁成就、諸悪排除、商売繁盛、交通安全などにもご利益がある。毎月24日は地蔵の縁日で、午後1時から境内で行われる。住職のお勤めの後、法話があり、参加者に無病息災を祈るおしるこの接待がある。

いつも線香の煙がただよいお参りの人たちが絶えない

【災除け・災厄払い】八坂神社と疫神社の「蘇民将来之子孫也」

京都の夏7月、1ケ月間にわたり行われる「祇園祭」。八坂神社の祭礼であるが、この祭りは疫病封じ、無病息災を祈願する祭りであり、息災を願う「蘇民将来之子孫也」の護符が授与される。

◆疫神社に祀られている疫病除けの神・蘇民将来

四条通を東へ、東大路通に突き当たると八坂神社の朱の西楼門が見える。この西楼門を入ると、ちょうど正面に疫神社（えきじんじゃ）がある。この小さな社には疫病除けにご利益がある「蘇民将来（そみんしょうらい）」が祀られている。この蘇民将来、7月に行われる祇園祭で山鉾が立つ各町内で、山鉾立ちの日から宵山（7月16日）まで配られる粽（ちまき）の護符と関係がある。粽には「蘇民将来之子孫也」と書かれており、これを持ち帰り、玄関先、門口に吊るしておくと、1年間災いもなく、無病息災で過ごせるという。

蘇民将来には説話がある。話をすすめる前に、この蘇民将来という神にふれるが、その起源はよく分からない。ただ、平安時代から「災い除けの神」として信仰されており、日本ではスサノオと関連づけて語られる。

さて説話である。昔ある日、一人の旅人がいた。この旅人は、「建速須佐之男命」（素盞嗚尊。スサノオノミコト）といわれる。スサノオは櫛稲田姫命とともに八坂神社に祀られている祭神の一柱である。旅人は道中、日が暮れたので、一宿一飯を願い、まず蘇民将来の弟、巨旦将来の家に足を向け、一夜の宿をお願いしたが断られてしまった。そこで次に、兄の蘇民将来の家に行くことにした。蘇民将来一家は貧しい暮らしぶりであったが、その旅人を温かくもてなしたという。善を施した蘇民将来はのちに一族が繁栄し、一方、巨旦将来の一族は没落したという。この説話では、旅人スサノオが疫病除けの神様だ

玄関先に見られる「蘇民将来之子孫也」の護符

ったことから蘇民将来は災いに遭うこともなく、無事に暮らしたという。

◆1年の無病息災に効力ある粽の護符

そして、蘇民将来一家は疫病封じに「茅の輪（ちわ）」を作り、腰に付けて疫病除けの一助にしたと伝わる。この茅の輪がやがて粽に形を変えたといわれ、祇園祭に配られる粽はこの話が起源という。京都を旅するとき、民家の玄関先に「蘇民将来之子孫也」と書かれた護符が吊るしてあるのを見かけるので、注目したい。

八坂神社では、祇園祭が行われる7月中、粽の護符を授与する。一つ1000円。山鉾で配る粽とは、飾り付けなどが少し違うが、無病息災に強力なパワーを発揮すると、京都では信じられている。

祇園祭の最終日7月31日、疫神社の前では「夏越祓（なごしのはらいえ）」が執り行われる。大茅の輪を作り、その輪をくぐり祇園祭の無事終了を報告し、1年の無病息災を祈願する。祇園祭は、八坂神社の祭礼である。祇園祭は、山鉾巡行がクライマックスであるが、もともとは疫病封じ、無病息災、家内安全などを願うことが源にある市民祭りであることを記しておきたい。

【出世・開運】豊臣秀吉の出世守り本尊・三面大黒天

三面大黒という珍しい尊像がある。豊臣秀吉の出世の守り本尊とされ、1度拝めば3倍のご利益という、秀吉の合理性が伝えられる神様で、毎月3日に縁日が行われる。

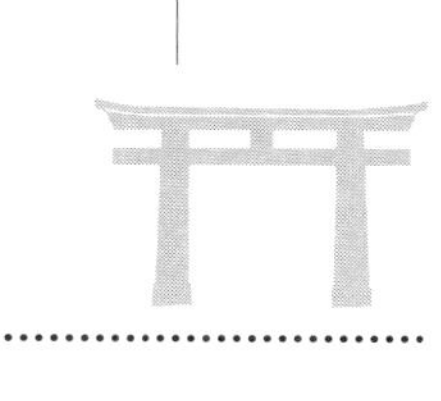

◆ひょうたん形の紙に願い事を書いて願かけ

高台寺（116ページ参照）の下、観光の人力車が走る「ねねの道」に面して、北政所おねが晩年の19年間を過ごした圓徳院（えんとくいん）がある。寛永9（1632）年、高台寺の塔頭になっている。この寺の境内北側に、豊臣秀吉の出世の守り本尊だった「三面大黒天」が祀られている。

三面の文字に注目したい。中央に大黒天、右に毘沙門天、左に弁財天と、三天合体の稀有な尊像である。大黒天は福徳、毘沙門天は軍神であり勝利、弁財天は知恵・音楽に神徳がある神様である。秀吉は大名になる前からこの三面大黒天を信仰し、戦いにも持っていったといわれ、天下の覇権をとることに成功し、太閤までのぼりつめた。

三面大黒天の信仰は、中国では今も根強いと伝わるが、日本に初めて三面大黒天をもたらしたのは遣唐使として中国に渡った伝教大師最澄という。以来、その信仰は現在までつづいていることになる。

圓徳院では、願い事が叶うとされる毎月3日に行われる三面大黒天の縁日には、大勢の人がお参りに訪れる。当日は、秀吉が出世のたびに増やしたひょうたん(秀吉の千成瓢箪)にちなみ、ひょうたんの形をした紙に願い事を書き(机と筆は用意されている)、手水鉢の水に浮かべて、「夢が叶いますように……」と祈る。手水鉢の紙は、住職が集めて瓢箪の型に流し込まれ祈願法要される。その後、型から取り出された紙は「願い文の瓢箪」となり、祈祷される。祈祷は11時と14時からの2回。奇数月の縁日には、諸願成就の体現も行っている。三面大黒天の祈願法要の後、自分が抱える悩み、痛みなどを住職に告げると、お祓いをしてもらえる。希望の人は、奇数月のお参りをすすめたい。

◆石塀小路のミニ散歩、または二年坂で京都ぜんざいを

三面大黒天のご利益に期待した後は、圓徳院に隣接する「石塀小路（いしべこうじ）」を歩いてみよう。石塀小路は、下河原通とねねの道を結ぶ石畳の小路である。小路の左右には町家の旅館、料亭が並び、伝統的建造物群保存地区に指定されている。わずかな時間で通り抜けでき、京都のしっとりした風情が堪能できる場所である。時間に余裕のある人は、ここから徒歩10分ほど、二年坂へ足を延ばすのはどうだろう。

二年坂の右手にある甘味処「かさぎ屋」で一休みされるといい。かさぎ屋は、近くに住んでいた竹久夢二が訪れた店。美人画で知られる夢二は、大正６（１９１７）年６月、12歳年下の笠井彦乃という女性と結婚し、二人でかさぎ屋に来たとも伝えられる。かさぎ屋には、京都ぜんざい、特製のしるこセーキなどがある。この店のそばに法観寺（八坂の塔）があり、また三年坂、清水寺への散策と、京都の楽しみが膨らんでゆく。

著 者
清水さとし（しみず・さとし）

旅行作家。京都出身。編集プロダクション「ペンライフ」主宰。長年にわたり全国を取材し、旅やレジャーの雑誌、ガイドブックの著述、編集に広く携わる。最近は歴史、伝承紀行、人物などを中心に幅広く活動している。特に京都は、平安京遷都以来の舞台をくまなく歩いている。京都に関連する著書では、『京都なるほど事典』、じっぴコンパクト新書『京都通になる１００の雑学』、『京都歴史ミステリー現場検証いまむかし』（ともに小社刊）など、著書多数。

カバーデザイン　杉本欣右
カバーフォーマットデザイン　志村 謙（Banana Grove Studio）
本文デザイン　Lush!

本書は『京都通になる 100 の雑学 京都旅行が 10 倍楽しめる本』（2013 年 1 月／小社刊）を加筆・再編集の上、文庫化したものです。

京都のなるほど雑学100選 これであなたも京都通！

2017 年 4 月 5 日　初版第 1 刷発行

著　者………………清水さとし
発行者………………岩野裕一
発行所………………株式会社実業之日本社
〒 153-0044　東京都目黒区大橋 1-5-1 クロスエアタワー 8 階
電話（編集）03-6809-0452　（販売）03-6809-0495
http://www.j-n.co.jp/
印刷所………………大日本印刷株式会社
製本所………………大日本印刷株式会社

ISBN978-4-408-45685-0（第一趣味）